발달지체 영유아 조기개입 | 놀이편(I) 10

임경옥 저

학지사

머리말

　필자가 25년을 특수교육현장에 있으면서 느꼈던 가장 큰 안타까움은 장애 및 발달지체 영유아를 지도하기 위해 조기에 개입할 수 있는 지침서가 없다는 것이었다. 이와 관련하여 이들을 양육하는 부모와 현장에서 지도하는 교사들의 요구가 지속되었지만 감히 엄두를 낼 수가 없었다.

　그러나 대학에서 후학을 양성하고자 운영하던 특수교육기관을 정리하면서 그동안 미루어 왔던 장애 영유아 발달 영역별 지도를 위한 지침서를 현장 경험을 바탕으로 열정 하나만 가지고 집필하였고, 출간된 지 벌써 6년이 지났다.

　열정만 가지고 집필했던 지침서는 6년이 지난 현 시점에서 돌이켜 보면 부끄러워 감히 내놓을 수 없을 만큼 미숙하고 부족한 부분이 너무 많아 죄송한 마음을 금할 길 없다. 그럼에도 불구하고『장애 영유아 발달 영역별 지침서』(전5권)가 장애 영유아를 지도하는 데 많은 도움이 되었다는 장애아동의 부모님, 특수교사 그리고 장애 영유아를 위한 유아 교육현장의 통합반 담당 교사들에게 먼저 감사드린다. 그리고 부족한 부분에 조언을 아끼지 않고 오랫동안 이 책을 지켜봐 주신 주변 지인들에게도 감사의 인사를 드린다. 이러한 지원과 채찍은 기존에 출판된 저서의 미숙하고 부족한 부분을 보완하여 전반적인 수정과 더불어 다시 집필해야 한다는 책무로 다가왔다. 그러므로『발달지체 영유아 조기개입』에 대한 집필은 이 책을 아껴 주셨던 모든 분에게 감사의 마음으로 헌납하고자 심혈을 기울였으며, 처음 집필 시의 열정을 가지고 미숙하게 출간된 부끄러움을 조금이나마 만회하고자 최선을 다하였다.

　이 책은 시리즈로 구성되어 각 영역별로 구성되어 있다. '인지' '수용언어' '표현언어' '대근육과 소근육' '사회성과 신변처리' 등의 영역으로 구성되어 있으며, 각 영역별로 가정에서도 장애 및 발달지체 영유아를 쉽게 지도할 수 있도록 초점을 맞추었다. 이를 위해 가능한 한 전문적인 용어를 배제하고 가장 쉽게 이해할 수 있는 용어를 선택하고자 고심하였으며, 실제적이고 기능 중심적인 항목을 배치하고자 노력하였다. 그리고 각 항목마다 되도록 자세히 서술하였고, 각 책의 부록에는 각 영역별 발달수준을 체크하여 지도할 수 있도록 항목별 시행 일자와 습득 일자를 기록할 수 있는 관찰표를 수록하였다.

따라서 이 책을 활용하여 지도할 경우, 각 항목의 방법 1은 수행 여부를 가늠하기 위한 선행검사에 중점을 두었으므로 방법 1로 각 항목의 수행 여부를 관찰표에 기록한 후 지도하도록 한다. 이를 위해 각 영역별로 개인별 특성을 고려하여 장애 및 발달지체 영유아의 현재 나이를 기준으로 한두 살 아래와 위 단계까지 관찰표에 수행 여부를 기록한 후 지도할 것을 권장한다. 또한 각 항목별 수행 후 반드시 다양하게 위치를 바꾸어 수행 여부를 확인해야 하며, 특히 그림 지도 시에는 위치가 고정되어 있어 외워서 수행될 가능성을 배제할 수 없으므로 그림을 여러 장 복사한 후 그림을 오려서 다양하게 위치를 바꾸어 확인해야 한다.

강화제(행동의 결과로 영유아가 좋아하는 것을 제공하는 것. 예: 음식물, 장난감, 스티커 등) 적용은 각 항목의 방법에 적용되어 있는 순서를 참고하여 필요시 각 단계마다 적절하게 상황을 판단하여 제공해 줄 것을 제안한다. 그리고 처음 지도 시에는 자주 강화제를 제공하다가 점차 줄여 나가야 함을 유의하도록 한다.

끝으로, 이 책이 장애 및 발달지체 영유아를 양육하는 부모님과 이들을 현장에서 지도하는 모든 교사 그리고 장애 영유아를 위한 보육교사와 특수교사를 배출하는 대학의 교재로서 미력하나마 도움이 되길 진심으로 바란다. 또한 이 책의 출판을 맡아 준 학지사의 김진환 사장님을 비롯하여 완성도 높은 책이 출판될 수 있도록 힘든 편집과 교정 및 삽화 작업을 묵묵히 도와주신 편집부 김준범 부장님과 직원들에게도 감사드린다. 마지막으로, 이 책의 이해를 돕기 위해 사용한 삽화의 근간이 되어 준 『장애 영유아 발달 영역별 지침서』의 그림을 그려 준 딸 수지와 진심으로 격려해 주고 지원해 준 지인들에게 무한한 고마움을 전하며 모든 분에게 하나님의 축복과 영광이 함께하길 기원한다.

장애 및 발달지체 영유아의 행복한 삶을 기원하며
2021년 9월
임경옥

놀이편 (Ⅰ)

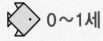

 부록

관찰표-놀이편 (I)

놀이편 (I)

| 0~1세 | 1~2세 | 2~3세 | 3~4세 |

0~1세

 1 발등에 아이의 발 올리고 걷기 0~1세

목표 | 성인의 발등에서 미끄러지지 않고 교사의 손을 잡고 걸을 수 있다.
자료 | 강화제

방법 ❶

- 교사가 발등에 유아의 발을 올려놓고 유아의 손을 잡고 걷는 시범을 보인다.
- 교사가 발등에 영아의 발을 올려놓고 영아의 손을 잡고 걷는다.
- 수행되면 교사가 발등에 영아의 발을 올려놓고 영아의 손을 잡고 걸을 때 영아 스스로 교사의 발등에서 미끄러지지 않고 교사의 보폭에 따라 같이 움직인다.
- 수행되면 영아의 특성에 맞는 적절한 강화제를 제공한다.

방법 ❷

- 교사가 발등에 유아의 발을 올려놓고 유아의 손을 잡고 시범을 보인다.
- 교사가 발등에 영아의 발을 올려놓고 영아의 손을 잡고 걷는다.
- 발을 잘 올려놓지 못하면 다른 교사가 교사의 발등에 올라 있는 영아의 발을 잡고 교사가 영아의 손을 잡고 걸을 때 같이 걸어갈 수 있도록 도와준다.
- 발을 잘 올려놓지 못하면 다른 교사가 교사의 발등에 올라 있는 영아의 발을 잡고 교사가 영아의 손을 잡고 걸을 때 같이 걸어갈 수 있도록 도와주는 동작을 반복해

준다.

- 도움을 점차 줄여 간다.
- 수행되면 교사가 영아를 발등에 올려놓고 영아의 손을 잡고 걸을 때 영아 스스로 교사의 발등에서 미끄러지지 않고 교사의 보폭에 따라 같이 움직인다.
- 수행되면 영아의 특성에 맞는 적절한 강화제를 제공한다.

2 헬리콥터 놀이 0~1세

목표 | 성인이 헬리콥터를 태워 주면 탈 수 있다.

자료 | 매트(담요), 강화제

방법 ❶

- 교사가 매트나 담요 위에서 영아의 양쪽 겨드랑이에 손을 넣은 후 영아를 위로 올린 다음 앞, 뒤 혹은 좌, 우로 흔들어 준다.
- 교사가 흔들어 주는 흔들림에 따라 영아가 앞, 뒤 혹은 좌, 우로 움직인다.
- 수행되면 교사가 앞, 뒤 혹은 좌, 우로 흔들어 줄 때 영아가 자연스럽게 움직인다.
- 수행되면 영아의 특성에 맞는 적절한 강화제를 제공한다.

방법 ❷

- 교사가 매트나 담요 위에서 영아의 양쪽 겨드랑이에 손을 넣은 후 영아를 위로 올린 다음 앞, 뒤 혹은 좌, 우로 흔들어 준다.
- 교사가 흔들어 주는 흔들림에 따라 영아가 앞, 뒤 혹은 좌, 우로 움직인다.
- 잘 움직이지 못하면 교사가 영아를 앞, 뒤 혹은 좌, 우로 흔들어 줄 때 다른 교사가 영아의 몸을 잡고 같이 움직인다.
- 잘 움직이지 못하면 교사가 영아를 앞, 뒤 혹은 좌, 우로 흔들어 줄 때 다른 교사

가 영아의 몸을 잡고 같이 움직여 주는 동작을 반복해 준다.

• 수행되면 교사가 앞, 뒤 혹은 좌, 우로 흔들어 줄 때 영아가 자연스럽게 움직인다.

• 수행되면 영아의 특성에 맞는 적절한 강화제를 제공한다.

☞ 영아를 어깨 위로 들어 올려서 사진처럼 앞, 뒤 혹은 좌, 우로 흔들어 주면 된다.

☞ 만약의 경우를 대비해서 반드시 매트나 두꺼운 담요 위에서 헬리콥터 놀이를 진행해야 한다.

영아를 들어 올리기

교사의 어깨 위로 올려진 영아

영아를 앞뒤로 흔들기

영아를 좌우로 흔들기

3 담요 그네 놀이

목표 | 담요 그네를 태워 주면 탈 수 있다.
자료 | 얇은 담요, 강화제

방법 ❶

- 교사가 얇은 담요를 넓게 펼친 후 담요 위에 영아를 눕힌다.
- 담요 위에 영아를 눕힌 상태에서 교사가 다른 교사와 함께 담요의 네 귀퉁이 끝자락을 잡은 후 영아를 좌, 우로 흔들어 준다.
- 교사가 흔들어 주는 흔들림에 따라 영아가 자연스럽게 몸을 맡긴다.
- 수행되면 교사가 좌, 우로 흔들어 줄 때 영아가 자연스럽게 몸을 맡긴다.
- 수행되면 영아의 특성에 맞는 적절한 강화제를 제공한다.

방법 ❷

- 교사가 얇은 담요를 넓게 펼친 후 담요 위에 영아를 눕힌다.
- 담요 위에 영아를 눕힌 상태에서 교사가 다른 교사와 함께 담요의 네 귀퉁이 끝자락을 잡은 후 영아를 좌, 우로 흔들어 준다.
- 교사가 흔들어 주는 흔들림에 따라 영아가 자연스럽게 몸을 맡긴다.
- 몸을 맡기지 못하면 교사가 담요를 좌, 우로 흔들어 줄 때 다른 교사가 영아의 몸을 잡고 자연스럽게 몸을 맡길 수 있도록 도와준다.
- 몸을 맡기지 못하면 교사가 담요를 좌, 우로 흔들어 줄 때 다른 교사가 영아의 몸을 잡고 자연스럽게 몸을 맡길 수 있도록 도와주는 동작을 반복해 준다.
- 수행되면 교사가 좌, 우로 흔들어 줄 때 영아가 자연스럽게 몸을 맡긴다.
- 수행되면 영아의 특성에 맞는 적절한 강화제를 제공한다.

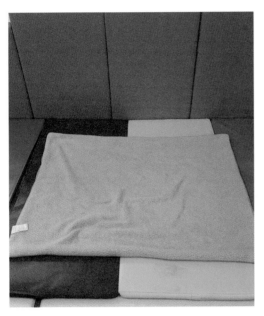

바닥에 담요 깔기

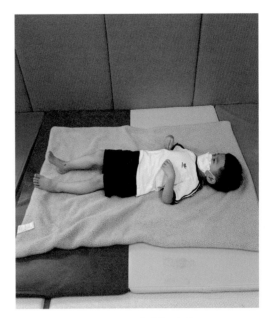

담요 위에 영아 눕히기

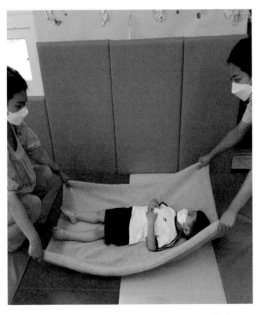

두 교사가 담요의 네 귀퉁이 끝자락 잡기

담요를 좌우로 흔들어 주기

김밥 말이   0~1세

목표 ┃ 김밥 말이 놀이를 할 수 있다.

자료 ┃ 담요(얇은 이불), 강화제

방법 ❶

- 교사가 얇은 담요를 넓게 펼친 후 담요 위에 영아를 눕힌다.
- 담요 위에 영아를 눕힌 상태에서 교사가 영아의 얼굴이 밖으로 나오게끔 김밥처럼 (사진 참조) 말아 그대로 들어 올려 걸어 다니며 말을 걸어 주거나 눈을 마주쳐 준다.
- 교사의 움직임이나 눈 맞춤에 따라 영아가 자연스럽게 몸을 맡긴다.
- 영아가 자연스럽게 몸을 맡기면 영아의 특성에 맞는 적절한 강화제를 제공한다.

방법 ❷

- 교사가 얇은 담요를 넓게 펼친 후 담요 위에 영아를 눕힌다.
- 담요 위에 영아를 눕힌 상태에서 교사가 영아의 얼굴이 밖으로 나오게끔 김밥처럼 (사진 참조) 말아 그대로 들어 올려 걸어 다니며 말을 걸어 주거나 눈을 마주쳐 준다.
- 교사의 움직임이나 눈 맞춤에 따라 영아가 자연스럽게 몸을 맡긴다.
- 몸을 맡기지 못하면 교사가 영아의 얼굴이 밖으로 나오게끔 김밥처럼 말아 그대로 들어 올려 걸어 다니며 말을 걸어 주거나 눈을 마주쳐 자연스럽게 몸을 맡길 수 있도록 도와준다.
- 몸을 맡기지 못하면 교사가 영아의 얼굴이 밖으로 나오게끔 김밥처럼 말아 그대로 들어 올려 걸어 다니며 말을 걸어 주거나 눈을 마주쳐 자연스럽게 몸을 맡길 수 있도록 도와주는 동작을 반복해 준다.
- 교사의 움직임이나 눈 맞춤에 따라 영아가 자연스럽게 몸을 맡긴다.
- 영아가 자연스럽게 몸을 맡기면 영아의 특성에 맞는 적절한 강화제를 제공한다.

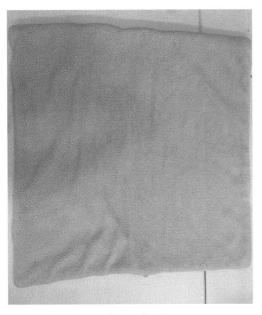

얇은 담요 넓게 펼치기

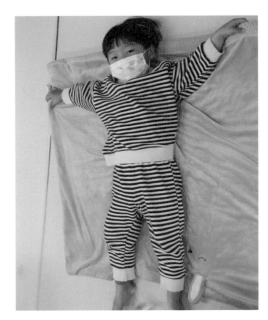

담요 위에 영아 눕히기

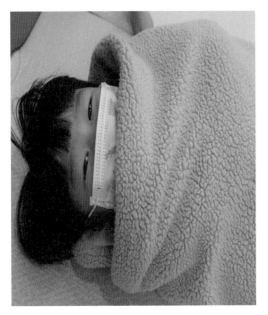

교사가 영아를 김밥처럼 말기

김밥처럼 만 상태에서 영아를 안고 걸어
다니며 말을 걸어 주거나 눈 마주치기

5 목마 태우기

목표 | 성인이 목마를 태워 주면 탈 수 있다.

자료 | 강화제

방법 ❶

- 교사가 영아의 허리를 잡아 두 다리를 교사의 목에 끼워 앉힌다(사진 1 참조).
- 교사가 목에 영아의 두 다리를 끼워 앉혀 준 후 양손으로 영아의 두 손을 잡고 걸어 다니며 목마를 태워 준다(사진 3 참조).
- 교사가 목마를 태워 주면 영아가 자연스럽게 몸을 맡긴다(사진 4 참조).
- 영아가 자연스럽게 몸을 맡기면 영아의 특성에 맞는 적절한 강화제를 제공한다.

방법 ❷

- 교사가 영아의 허리를 잡아 두 다리를 교사의 목에 끼워 앉힌다(사진 1 참조).
- 교사가 목에 영아의 두 다리를 끼워 앉혀 준 후 양손으로 영아의 두 손을 잡고 걸어 다니며 목마를 태워 준다(사진 3 참조).
- 목마를 잘 타지 못하면 다른 교사가 교사 뒤에서 영아의 허리를 잡고 목마를 탈 수 있도록 도와준다.
- 목마를 잘 타지 못하면 다른 교사가 교사 뒤에서 영아의 허리를 잡고 목마를 탈 수 있도록 반복해서 도와준다.
- 교사가 목마를 태워 주면 영아가 자연스럽게 몸을 맡긴다(사진 4 참조).
- 영아가 자연스럽게 몸을 맡기면 영아의 특성에 맞는 적절한 강화제를 제공한다.

영아의 허리나 어깨를 잡고 목에 앉혀
두 다리를 교사의 목에 끼우기

영아의 허리를 잡고 목에 앉혀
두 다리를 목에 끼운 모습

교사가 영아의 두 손을 잡고
목마 태우기

교사가 목마를 태워 줄 때
영아가 자연스럽게 목마 타기

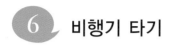

6 비행기 타기

목표 | 성인이 비행기를 태워 주면 탈 수 있다.

자료 | 강화제

방법 ❶

- 교사가 유아를 데리고 비행기를 태워 주는 시범을 보인다.
- 교사가 누워서 영아의 겨드랑이를 잡고 교사의 두 다리에 영아의 배를 올린 후 손을 잡은 다음 무릎을 살짝 구부린 상태에서 다리를 위로 쭉 뻗어 올린다.
- 이 상태에서 교사가 다리를 앞, 뒤로 흔들흔들 흔들어 비행기를 태워 주면 영아도 교사의 움직임에 자연스럽게 같이 움직이게 한다.
- 수행되면 교사가 앞, 뒤로 흔들흔들 흔들어 비행기를 태워 주면 영아 스스로 교사의 움직임에 같이 움직이게 한다.
- 수행되면 영아의 특성에 맞는 적절한 강화제를 제공한다.

방법 ❷

- 교사가 유아를 데리고 비행기 태우기 놀이를 하는 시범을 보인다.
- 교사가 누워서 영아의 겨드랑이를 잡고 교사의 두 다리에 영아의 배를 올린 후 손을 잡은 다음 무릎을 살짝 구부린 상태에서 다리를 위로 쭉 뻗어 올린다.
- 이 상태에서 교사가 다리를 앞, 뒤로 흔들흔들 흔들어 비행기를 태워 주면 영아도 교사의 움직임에 자연스럽게 같이 움직이게 한다.
- 움직이지 못하면 교사가 앞, 뒤로 흔들흔들 흔들어 비행기를 태워 주면서 영아도 교사의 움직임에 자연스럽게 같이 움직일 수 있도록 비행기 태우는 동작을 반복해 준다.
- 도움을 점차 줄여 간다.
- 수행되면 교사가 누워서 영아의 겨드랑이를 잡고 교사의 두 다리에 영아의 배를 올

린 다음 손을 잡아 준 후 무릎을 살짝 구부린 상태에서 다리를 위로 쭉 뻗게 올려
비행기를 태워 주면 영아 스스로 교사의 움직임에 자연스럽게 같이 움직이게 한다.

• 수행되면 영아의 특성에 맞는 적절한 강화제를 제공한다.

바닥에 매트나 담요 깔기

교사가 누워서 영아의 겨드랑이를 잡고 교사의
구부린 두 다리에 영아의 배를 올린 다음 손 잡기

교사가 무릎을 살짝 구부린 상태에서 영아의
손을 잡고 다리를 위로 쭉 뻗어 올리기

교사가 무릎을 살짝 구부린 상태에서 영아의
손을 잡고 다리를 위로 쭉 뻗어 올리기

21

지퍼 백 물감 놀이 0~1세

목표 | 지퍼 백 물감 놀이를 할 수 있다.

자료 | 다양한 색상의 물감, 지퍼 백, 판지, 강화제

방법 ❶

- 교사가 판지(두꺼운 종이)에 다양한 색상의 물감을 간격을 두고 동전 정도 크기로 각각 떨어뜨린 후 지퍼 백에 판지를 넣어 제시한다.
- 교사가 손으로 지퍼 백을 문지르는 시범을 보인다.
- 영아에게 교사를 모방하여 손으로 지퍼 백을 문질러 보라고 한다.
- 수행되면 영아 스스로 지퍼 백을 손으로 문질러 보라고 한다.
- 수행되면 영아의 특성에 맞는 적절한 강화제를 제공한다.

방법 ❷

- 교사가 판지(두꺼운 종이)에 다양한 색상의 물감을 간격을 두고 동전 정도 크기로 각각 떨어뜨린 후 지퍼 백에 판지를 넣어 제시한다.
- 교사가 손으로 지퍼 백을 문지르는 시범을 보인다.
- 영아에게 교사를 모방하여 손으로 지퍼 백을 문질러 보라고 한다.
- 문지르지 못하면 교사가 영아의 손을 잡고 지퍼 백을 문질러 준다.
- 교사가 영아의 손을 잡고 지퍼 백을 문지르다가 영아에게 문질러 보라고 한다.
- 문지르지 못하면 교사가 영아의 손을 잡고 지퍼 백을 문질러 주는 동작을 반복해 준다.
- 교사가 지퍼 백에 영아의 손을 대 준 후 영아에게 문질러 보라고 한다.
- 수행되면 교사가 지퍼 백을 가리키며 영아에게 문질러 보라고 한다.
- 도움을 점차 줄여 간다.
- 수행되면 영아 스스로 지퍼 백을 손으로 문질러 보라고 한다.
- 수행되면 영아의 특성에 맞는 적절한 강화제를 제공한다.

☞ 판지 대신 박스를 잘라서 사용해도 무방하다. 지퍼 백의 크기에 맞추어 판지를 다양한 크기

　로 잘라서 사용하면 된다.

판지에 물감 떨어뜨리기

지퍼 백 안에 판지 넣기

손으로 지퍼 백 문지르기

완성된 모양

* 사진 출처: 령 트리오 재구성

8 만두 놀이

목표 | 성인이 담요 끝자락을 잡아 굴려 주면 구를 수 있다.

자료 | 담요(얇은 이불), 강화제

방법 ❶

- 교사가 유아를 담요 위에 눕힌 후 만두처럼 돌돌 만 다음 끝자락을 잡아당겨 주면 유아가 담요 밖으로 나오는 시범을 보인다.
- 교사가 영아를 담요 위에 눕힌 후 만두처럼 돌돌 만 다음 끝자락을 잡아당겨 주면 유아를 모방하여 담요 밖으로 나올 수 있다.
- 수행되면 교사가 영아를 담요 위에 눕힌 후 만두처럼 돌돌 만 다음 끝자락을 잡아당겨 주면 영아 스스로 담요 밖으로 나올 수 있다.
- 수행되면 영아의 특성에 맞는 적절한 강화제를 제공한다.

방법 ❷

- 교사가 유아를 담요 위에 눕힌 후 만두처럼 돌돌 만 다음 끝자락을 잡아당겨 주면 유아가 담요 밖으로 나오는 시범을 보인다.
- 교사가 영아를 담요 위에 눕힌 후 만두처럼 돌돌 만 다음 끝자락을 잡아당겨 주면 유아를 모방하여 담요 밖으로 나올 수 있다.
- 나오지 못하면 영아를 담요 위에 눕힌 후 만두처럼 돌돌 만 다음 다른 교사가 끝자락을 잡아당겨 줄 때 교사가 영아를 담요 밖으로 나오도록 도와준다.
- 나오지 못하면 영아를 담요 위에 눕힌 후 만두처럼 돌돌 만 다음 다른 교사가 끝자락을 잡아당겨 줄 때 교사가 영아를 담요 밖으로 나오도록 도와주는 동작을 반복해 준다.
- 도움을 점차 줄여 간다.

- 수행되면 교사가 영아를 담요 위에 눕힌 후 만두처럼 돌돌 만 다음 끝자락을 잡아 당겨 주면 영아 스스로 담요 밖으로 나올 수 있다.
- 수행되면 영아의 특성에 맞는 적절한 강화제를 제공한다.

바닥에 담요 깔기

유아를 담요 위에 눕히기

담요 위에 누운 유아를 만두처럼 돌돌 말기

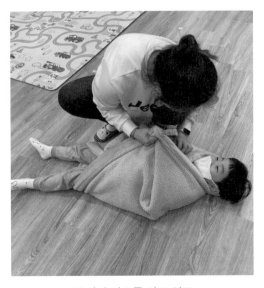

교사가 담요를 쥐고 있고
유아가 담요 밖으로 나온 모습

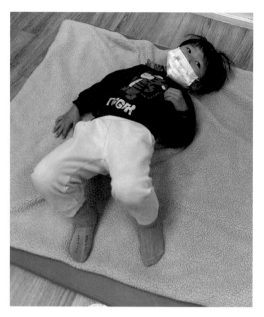

교사가 영아를 담요 위에 눕히기

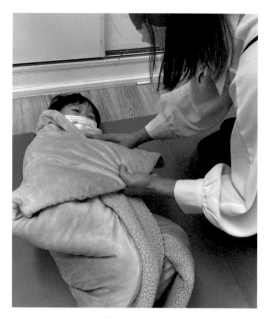

담요로 영아를 만두처럼 돌돌 말기

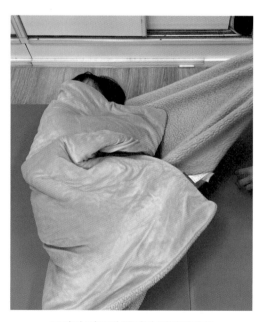

교사가 담요의 끝자락 잡아당기기

영아가 담요 밖으로 나온 모습

26

9 아기 의자 물놀이

목표 | 손으로 물을 만지고 튕길 수 있다.

자료 | 아기 의자, 물, 강화제

방법 ❶

- 교사가 영아를 의자에 앉힌 후 아기 의자의 트레이에 물을 부어 준다.
- 교사가 트레이에 담긴 물을 손으로 만지고 튕기는 시범을 보인다.
- 영아에게 교사를 모방하여 트레이에 담긴 물을 손으로 만지고 튕겨 보라고 한다.
- 수행되면 영아 스스로 트레이에 담긴 물을 손으로 만지고 튕겨 보라고 한다.
- 수행되면 영아의 특성에 맞는 적절한 강화제를 제공한다.

방법 ❷

- 교사가 영아를 의자에 앉힌 후 아기 의자의 트레이에 물을 부어 준다.
- 교사가 트레이에 담긴 물을 손으로 만지고 튕기는 시범을 보인다.
- 영아에게 교사를 모방하여 트레이에 담긴 물을 손으로 만지고 튕겨 보라고 한다.
- 하지 못하면 교사가 영아의 손을 잡고 트레이에 담긴 물을 손으로 만지고 튕겨 준다.
- 교사가 영아의 손을 물 위에 올려 준 후 손으로 만지고 튕겨 보라고 한다.
- 하지 못하면 교사가 영아의 손을 잡고 트레이에 담긴 물을 손으로 만지고 튕기는 동작을 반복해 준다.
- 도움을 점차 줄여 간다.
- 수행되면 영아 스스로 트레이에 담긴 물을 손으로 만지고 튕겨 보라고 한다.
- 수행되면 영아의 특성에 맞는 적절한 강화제를 제공한다.

☞ 아기 의자 트레이에 물과 함께 놀 수 있는 장난감을 몇 개 제시해 주면 영아의 흥미를 더욱 끌 수 있다.

아기 의자 트레이에 물 부어 주기

손으로 물 만지고 튕기기

손으로 물 만지고 튕기기

손으로 물 만지고 튕기기

* 사진 출처: 렁 트리오 재구성

10 이불 자동차

목표 | 이불에 태워 여기저기 끌어 주면 탈 수 있다.

자료 | 얇은 이불(담요), 강화제

방법 ❶

- 교사가 얇은 이불을 넓게 펼친 후 이불 위에 영아를 앉힌다.
- 이불 위에 영아를 앉힌 상태에서 교사가 이불에 영아를 태워 여기저기 끌어 준다.
- 교사가 영아를 이불에 태워 여기저기 끌어 주면 자연스럽게 이불 자동차를 탈 수 있다.
- 영아가 자연스럽게 이불 자동차를 타면 영아의 특성에 맞는 적절한 강화제를 제공한다.

방법 ❷

- 교사가 얇은 이불을 넓게 펼친 후 이불 위에 영아를 앉힌다.
- 이불 위에 영아를 앉힌 상태에서 교사가 이불에 영아를 태워 여기저기 끌어 준다.
- 교사가 영아를 이불에 태워 여기저기 끌어 주면 자연스럽게 이불 자동차를 탈 수 있다.
- 타지 못하면 교사가 영아를 이불에 태워 여기저기 끌어 줄 때 다른 교사가 영아의 손을 잡아 주거나 몸을 지탱해 주어 이불 자동차를 탈 수 있도록 해 준다.
- 타지 못하면 교사가 영아를 이불에 태워 여기저기 끌어 줄 때 다른 교사가 영아의 손을 잡아 주거나 몸을 지탱해 주어 이불 자동차를 탈 수 있도록 해 주는 동작을 반복해 준다.
- 교사가 영아를 이불에 태워 여기저기 끌어 주면 자연스럽게 이불 자동차를 탈 수 있다.

- 영아가 자연스럽게 이불 자동차를 타면 영아의 특성에 맞는 적절한 강화제를 제공한다.

바닥에 이불 넓게 펴기

이불 위에 영아 앉히기

다른 교사가 영아의 손을 잡아 주거나
몸을 지탱해 주기

교사가 이불에 영아를 태워 끌어 줄 때
다른 교사가 도와주기

교사가 이불에 영아를 태워 끌어 주기

교사가 이불에 영아를 태워 끌어 주기

11 물감 마음대로 휘젓기 0~1세

목표 | 물감을 마음대로 휘저을 수 있다.
자료 | 다양한 색상의 물감, 물, 병, 트레이, 강화제

방법 ❶

- 교사가 미리 병에 다양한 색상의 물감과 물을 넣어 섞어 놓는다.
- 교사가 병에 담긴 다양한 색상의 물감을 트레이에 순서대로 따른다.
- 교사가 트레이에 담긴 물감을 손으로 마구 휘젓는 시범을 보인다.
- 영아에게 교사를 모방하여 트레이에 담긴 물감을 손으로 마구 휘저어 보라고 한다.
- 수행되면 영아 스스로 트레이에 담긴 물감을 손으로 마구 휘저어 보라고 한다.
- 수행되면 영아의 특성에 맞는 적절한 강화제를 제공한다.

방법 ❷

- 교사가 미리 병에 다양한 색상의 물감과 물을 넣어 섞어 놓는다.
- 교사가 병에 담긴 다양한 색상의 물감을 트레이에 순서대로 따른다.
- 교사가 트레이에 담긴 물감을 손으로 마구 휘젓는 시범을 보인다.
- 영아에게 교사를 모방하여 트레이에 담긴 물감을 손으로 마구 휘저어 보라고 한다.
- 휘젓지 못하면 교사가 영아의 손을 잡고 물감을 마구 휘저어 준다.
- 교사가 영아의 손을 물감에 올려 준 후 마구 휘저어 보라고 한다.
- 휘젓지 못하면 교사가 영아의 손을 잡고 물감을 마구 휘저어 주는 동작을 반복해 준다.
- 도움을 점차 줄여 간다.
- 수행되면 영아 스스로 물감을 손으로 마구 휘저어 보라고 한다.
- 수행되면 영아의 특성에 맞는 적절한 강화제를 제공한다.

☞ 물감의 농도는 물을 조금만 넣어 빽빽하게 타서 병에 넣어야 한다.

☞ 영아의 상태에 따라 수정토를 준비하여 물감 위에 뿌려 준 후 물감 속에서 수정토 찾기 놀이
를 지도해도 영아가 재미있어한다.

트레이 준비

교사가 트레이에 물감 따르기

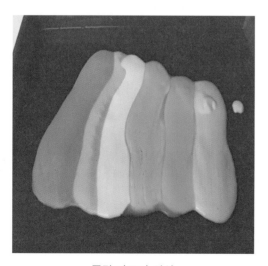

물감 따르기 완성

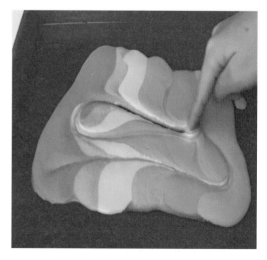

교사가 물감 휘젓는 시범 보이기

영아가 물감 휘젓기

수정토 준비

교사가 물감 위에 수정토 뿌려 주기

물감 속에서 수정토 찾기

* 사진 출처: 렁 트리오 재구성

12 방석 보트 타기 0~1세

목표 | 방석 보트를 탈 수 있다.
자료 | 방석, 강화제

방법 ❶

- 교사가 다른 교사와 거리를 띄워 마주 앉는다.
- 교사가 방석 위에 앉아 유아를 무릎에 앉힌 후 두 손으로 바닥을 밀며 다른 교사에게 이동하는 시범을 보인다.
- 교사가 방석 위에 앉아 영아를 무릎에 앉힌 후 두 손으로 바닥을 밀며 다른 교사에게 이동할 때 영아에게 교사의 무릎을 잡고 앉아 있어 보라고 한다.
- 수행되면 교사가 방석 위에 앉아 영아를 무릎에 앉힌 후 두 손으로 바닥을 밀며 다른 교사에게 이동할 때 영아 스스로 교사의 무릎에 앉아 있어 보라고 한다.
- 수행되면 영아의 특성에 맞는 적절한 강화제를 제공한다.

방법 ❷

- 교사가 다른 교사와 거리를 띄워 마주 앉는다.
- 교사가 방석 위에 앉아 유아를 무릎에 앉힌 후 두 손으로 바닥을 밀며 다른 교사에게 이동하는 시범을 보인다.
- 교사가 방석 위에 앉아 영아를 무릎에 앉힌 후 두 손으로 바닥을 밀며 다른 교사에게 이동할 때 영아에게 교사의 무릎을 잡고 앉아 있어 보라고 한다.
- 앉아 있지 못하면 교사가 영아의 허리를 잡고 다리를 움직여 방석을 밀며 다른 교사에게 이동해 준다.
- 교사가 방석 위에 앉아 영아를 무릎에 앉힌 후 영아의 한 손을 잡고 바닥을 밀며 다른 교사에게 이동해 준다.

- 앉아 있지 못하면 교사가 영아의 허리를 잡고 다리를 움직여 방석을 밀며 다른 교사에게 이동하는 동작을 반복해 준다.
- 도움을 점차 줄여 간다.
- 수행되면 교사가 방석 위에 앉아 영아를 무릎에 앉힌 후 두 손으로 바닥을 밀며 다른 교사에게 이동할 때 영아 스스로 교사의 무릎에 앉아 있어 보라고 한다.
- 수행되면 영아의 특성에 맞는 적절한 강화제를 제공한다.

0~1
세

교사가 다른 교사와 거리를 띄워 마주 앉기

교사가 방석 위에 앉아 유아를 무릎에 앉힌 후
두 손으로 바닥을 밀며 다른 교사에게
이동하는 시범 보이기

교사가 방석 위에 앉아 영아를 무릎에 앉히기

교사가 영아의 허리를 잡고 다리를 움직여
방석을 밀며 다른 교사에게 이동하기

교사가 영아의 한 손을 잡고 바닥을 밀며
다른 교사에게 이동하기

교사가 두 손으로 바닥을 밀며 다른 교사에게
이동할 때 영아가 교사의 무릎에 앉아 있기

13 자석 붙이기

목표 | 자석 붙이기 놀이를 할 수 있다.

자료 | 자석판(자석보드판), 자석, 강화제

방법 ❶

- 교사가 자석판에 자석을 마음대로 붙이는 시범을 보인다.
- 영아에게 교사를 모방하여 자석을 마음대로 붙여 보라고 한다.
- 수행되면 영아 스스로 자석을 마음대로 붙여 보라고 한다.
- 수행되면 영아의 특성에 맞는 적절한 강화제를 제공한다.

방법 ❷

- 교사가 자석판에 자석을 마음대로 붙이는 시범을 보인다.
- 영아에게 교사를 모방하여 자석을 마음대로 붙여 보라고 한다.
- 붙이지 못하면 교사가 영아의 손을 잡고 자석판에 자석을 붙여 준다.
- 교사가 영아의 손을 잡고 자석판에 자석을 붙여 주다가 영아 스스로 자석을 붙여 보라고 한다.
- 붙이지 못하면 교사가 영아의 손을 잡고 자석판에 자석을 붙여 주는 동작을 반복해 준다.

- 수행되면 영아 스스로 자석을 마음대로 붙여 보라고 한다.
- 수행되면 영아의 특성에 맞는 적절한 강화제를 제공한다.

자석판과 다양한 자석

자석판과 다양한 자석

교사가 자석판에 자석을 마음대로 붙이는 시범

교사가 영아의 손을 잡고 자석판에
자석 붙여 주기

영아 스스로 자석판에 자석 마음대로 붙이기

영아 스스로 자석판에 자석 마음대로 붙이기

14 비닐 랩에 낙서하기 `1~2세`

목표 | 비닐 랩에 낙서를 할 수 있다.

자료 | 비닐 랩, 접착테이프, 책상(의자), 사인펜, 강화제

방법 ❶

- 교사가 미리 비닐 랩을 접착테이프로 책상에 붙여 놓거나 의자를 뒤집어(첫 번째 사진 참조) 의자 다리와 의자 다리 사이에 비닐 랩을 붙여 놓는다.
- 교사가 비닐 랩에 사인펜으로 낙서를 하는 시범을 보인다.
- 영아에게 교사를 모방하여 비닐 랩에 사인펜으로 낙서를 해 보라고 한다.
- 수행되면 영아 스스로 비닐 랩에 사인펜으로 낙서를 해 보라고 한다.
- 수행되면 영아의 특성에 맞는 적절한 강화제를 제공한다.

방법 ❷

- 교사가 미리 비닐 랩을 접착테이프로 책상에 붙여 놓거나 의자를 뒤집어(첫 번째 사진 참조) 의자 다리와 의자 다리 사이에 비닐 랩을 붙여 놓는다.
- 교사가 비닐 랩에 사인펜으로 낙서를 하는 시범을 보인다.
- 영아에게 교사를 모방하여 비닐 랩에 사인펜으로 낙서를 해 보라고 한다.
- 하지 못하면 교사가 영아의 손을 잡고 비닐 랩에 사인펜으로 낙서를 해 준다.
- 교사가 영아의 손을 잡고 비닐 랩에 사인펜으로 낙서를 해 주다가 영아 스스로 낙서를 해 보라고 한다.
- 하지 못하면 교사가 영아의 손을 잡고 비닐 랩에 사인펜으로 낙서를 해 주는 동작을 반복해 준다.
- 수행되면 영아 스스로 비닐 랩에 사인펜으로 낙서를 해 보라고 한다.
- 수행되면 영아의 특성에 맞는 적절한 강화제를 제공한다.

의자를 뒤집어 의자와
의자 다리 사이에 비닐 랩 붙여 놓기

비닐 랩에 낙서하기

* 사진 출처: 렁 트리오 재구성

15 물에서 피는 꽃

목표 | 접은 꽃을 물에 넣어 꽃이 피는 과정을 지켜볼 수 있다.
자료 | 다양한 색상의 색종이(색 도화지), 연필, 가위, 물, 물 담을 용기, 강화제

방법 ❶

- 교사가 다양한 색상의 색종이에 꽃잎을 그려 오린 후 영아에게 제시하여 탐색할 시간을 충분히 준다.
- 교사가 물을 담은 용기를 영아 앞에 놓는다.
- 교사가 꽃잎을 순서대로 접어 꽃을 만들어 물 위에 띄우는(물 위에 올려놓는) 시범을 보인다.
- 교사가 접은 꽃을 영아에게 준 후 교사를 모방하여 꽃을 물 위에 띄워 보라고 한다.
- 수행되면 영아 스스로 접은 꽃을 물 위에 띄워 보라고 한다.
- 수행되면 영아의 특성에 맞는 적절한 강화제를 제공한다.

방법 ❷

- 교사가 다양한 색상의 색종이에 꽃잎을 그려 오린 후 영아에게 제시하여 탐색할 시간을 충분히 준다.
- 교사가 물을 담은 용기를 영아 앞에 놓는다.
- 교사가 꽃잎을 순서대로 접어 꽃을 만들어 물 위에 띄우는(물 위에 올려놓는) 시범을 보인다.
- 교사가 접은 꽃을 영아에게 준 후 교사를 모방하여 꽃을 물 위에 띄워 보라고 한다.
- 띄우지 못하면 교사가 영아의 손을 잡고 접은 꽃을 물 위에 띄워 준다.
- 교사가 접은 꽃을 영아에게 준 후 영아의 손을 물 위에 올려 준 다음 물 위에 띄워 보라고 한다.

• 띄우지 못하면 교사가 영아의 손을 잡고 접은 꽃을 물 위에 띄우는 동작을 반복해 준다.
• 교사가 접은 꽃을 영아에게 준 후 물이 담긴 용기를 가리키며 영아에게 물 위에 띄워 보라고 한다.
• 도움을 점차 줄여 간다.
• 수행되면 영아 스스로 접은 꽃을 물 위에 띄워 보라고 한다.
• 수행되면 영아의 특성에 맞는 적절한 강화제를 제공한다.

☞ 종이꽃을 물에 넣으면 모세관 현상에 의해 꽃이 피게 된다. 모세관 현상은 머리카락처럼 가느다란 관을 따라 액체가 올라가거나 내려오는 현상, 즉 액체가 중력과 같은 외부 도움 없이 좁은 관을 오르는 현상을 말한다. 예를 들어 키친타월도 끝부분을 물에 닿게 하면 모세관 현상이 작용하여 물이 올라오게 된다.

☞ 교사가 영아의 이름을 부르면서 꽃잎에 '이름'을 써 주거나 "사랑해."라고 말하면서 '사랑해'라고 쓴 후 꽃을 접으면 영아의 관심을 좀 더 유도할 수 있다.

☞ 영아에게 꽃잎을 선택하게 한 후 그것으로 꽃잎을 접어 영아에게 준 다음 물에 띄우게 하면 영아가 좀 더 흥미롭게 활동에 참여할 수 있다.

☞ 영아의 상태에 따라 물에 꽃잎을 띄운 용기를 흔들어 보도록 하면 일반적으로 영아가 매우 흥미 있어 한다.

교사가 꽃잎 제시

영아에게 탐색 시간 제공

교사가 꽃잎에 글쓰기

꽃 선택

첫 번째 꽃잎 접기

두 번째 꽃잎 접기

세 번째 꽃잎 접기

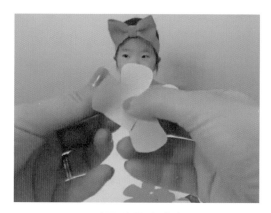

다른 색 꽃잎 접기

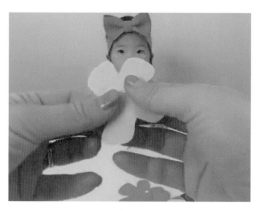

다른 색 꽃잎 접기

다른 색 꽃잎 접기

물을 담은 용기 제시

교사가 꽃잎 건네주기

물에 꽃잎 띄우기

물에 꽃잎 띄우기

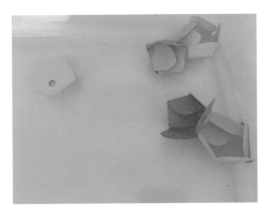

물에서 피기 시작하는 꽃

물에서 피기 시작하는 꽃

꽃이 담긴 용기 흔들어 보기

꽃이 담긴 용기 흔들어 보기

* 사진 출처: 렁 트리오 재구성

16 엄마 무릎 자전거 타기

목표 | 엄마 무릎에 앉아서 움직일 수 있다.
자료 | 강화제

방법 ❶

- 교사가 무릎 위에 유아를 앉히고 "흔들 흔들 ♪ 흔들 흔~들 흔들 ♪" 노래를 부르면서 몸을 옆으로 흔들면 유아가 흔들림을 따라 움직이는 시범을 보인다.
- 교사가 무릎 위에 영아를 앉힌 후 몸을 옆으로 흔들면서 영아도 흔들림을 따라 움직이게 해 준다.
- 수행되면 교사가 무릎 위에 영아를 앉힌 후 몸을 옆으로 흔들면 영아 스스로 흔들림을 따라 움직이게 한다.
- 수행되면 영아의 특성에 맞는 적절한 강화제를 제공한다.

방법 ❷

- 교사가 무릎 위에 유아를 앉히고 "흔들 흔들 ♪ 흔들 흔~들 흔들 ♪" 노래를 부르면서 몸을 옆으로 흔들면 유아가 흔들림을 따라 움직이는 시범을 보인다.
- 교사가 무릎 위에 영아를 앉힌 후 몸을 옆으로 흔들면서 영아도 흔들림을 따라 움직이게 한다.
- 모방하지 못하면 교사가 무릎 위에 영아를 앉힌 후 몸을 옆으로 흔들면서 영아의 두 손을 잡고 흔들림을 따라 움직이게 해 준다.
- 움직이지 못하면 교사가 무릎 위에 영아를 앉힌 후 몸을 옆으로 흔들면서 영아의 두 손을 잡고 흔들림을 따라 움직이는 동작을 반복해 준다.
- 수행되면 교사가 무릎 위에 영아를 앉힌 후 몸을 옆으로 흔들면서 영아의 한 손을 잡고 흔들림을 따라 움직이게 해 준다.

- 도움을 점차 줄여 간다.
- 수행되면 교사가 무릎 위에 영아를 앉힌 후 몸을 옆으로 흔들면서 영아 스스로 흔들림을 따라 움직이게 한다.
- 수행되면 영아의 특성에 맞는 적절한 강화제를 제공한다.

☞ 교사가 영아를 무릎 위에 앉히고 몸을 옆으로 흔들면서 "흔들흔들 흔들리네."라고 말해 주거나 무릎을 통통 튕기면서 "우리 OO가 통통 튀고 있구나."라는 식으로 말해 주면 사회성과 더불어 언어 발달에도 도움이 된다.

17 접착테이프에 붙여진 볼풀공 떼기　1~2세

목표 | 접착테이프에 붙여진 볼풀공을 뗄 수 있다.
자료 | 접착테이프, 볼풀공, 강화제

방법 ❶
- 교사가 다음 사진처럼 접착테이프를 길게 잘라 적당한 위치에 고정시킨 후 볼풀공을 미리 접착테이프에 붙여 놓는다.
- 교사가 접착테이프에 붙여진 볼풀공을 떼는 시범을 보인다.
- 영아에게 교사를 모방하여 접착테이프에 붙여진 볼풀공을 떼어 보라고 한다.
- 수행되면 영아 스스로 접착테이프에 붙여진 볼풀공을 떼어 보라고 한다.
- 수행되면 영아의 특성에 맞는 적절한 강화제를 제공한다.

방법 ❷
- 교사가 다음 사진처럼 접착테이프를 길게 잘라 적당한 위치에 고정시킨 후 볼풀공을 미리 접착테이프에 붙여 놓는다.

- 교사가 접착테이프에 붙여진 볼풀공을 떼는 시범을 보인다.
- 영아에게 교사를 모방하여 접착테이프에 붙여진 볼풀공을 떼어 보라고 한다.
- 모방하지 못하면 교사가 영아의 손을 잡고 접착테이프에 붙여진 볼풀공을 떼어 준다.
- 교사가 영아의 손을 접착테이프에 붙여진 볼풀공에 대 준 후 공을 떼어 보라고 한다.
- 떼지 못하면 교사가 영아의 손을 잡고 접착테이프에 붙여진 볼풀공을 떼는 동작을 반복해 준다.
- 교사가 영아의 손을 접착테이프에 붙여진 볼풀공 가까이 대 준 후 공을 떼어 보라고 한다.
- 수행되면 교사가 접착테이프에 붙여진 볼풀공을 가리키며 영아에게 떼어 보라고 한다.
- 도움을 점차 줄여 간다.
- 수행되면 영아 스스로 접착테이프에 붙여진 볼풀공을 떼어 보라고 한다.
- 수행되면 영아의 특성에 맞는 적절한 강화제를 제공한다.

접착테이프에 볼풀공 길게 붙여 놓기

교사가 영아의 손을 잡고 공 떼기

접착테이프에 붙어 있는 공 잡기

접착테이프에 붙어 있는 공 떼기

영아 스스로 공 떼기

* 사진 출처: 령 트리오 재구성

18 신문지 찢기

목표 | 신문지를 찢을 수 있다.

자료 | 신문지, 강화제

방법 ❶

- 교사가 신문지를 찢는 시범을 보인다.
- 영아에게 교사를 모방하여 신문지를 찢어 보라고 한다.
- 수행되면 영아 스스로 신문지를 찢어 보라고 한다.
- 수행되면 영아의 특성에 맞는 적절한 강화제를 제공한다.

방법 ❷

- 교사가 신문지를 찢는 시범을 보인다.
- 영아에게 교사를 모방하여 신문지를 찢어 보라고 한다.
- 모방하지 못하면 교사가 영아의 손을 잡고 신문지를 찢어 준다.
- 교사가 영아의 손을 신문지에 대 준 후 신문지를 찢어 보라고 한다.
- 찢지 못하면 교사가 영아의 손을 잡고 신문지를 찢는 동작을 반복해 준다.
- 교사가 신문지를 가리키며 영아에게 찢어 보라고 한다.
- 도움을 점차 줄여 간다.
- 수행되면 영아 스스로 신문지를 찢어 보라고 한다.
- 수행되면 영아의 특성에 맞는 적절한 강화제를 제공한다.

교사가 신문지 찢는 시범 보이기

교사가 영아의 손을 잡고 신문지 찢어 주기

교사가 영아의 손을 신문지에 대 준 후
신문지 찢어 보라고 하기

영아 스스로 신문지 찢기

19 박스 구멍에 병뚜껑 넣기

목표 | 박스 구멍에 병뚜껑을 넣을 수 있다.

자료 | 박스, 병뚜껑, 병뚜껑 담을 용기, 강화제

방법 ❶

- 교사가 박스에 병뚜껑이 들어갈 수 있도록 적당하게 구멍을 뚫어 제시한다.
- 교사가 손으로 병뚜껑을 집어 박스의 구멍에 넣는 시범을 보인다.
- 영아에게 교사를 모방하여 손으로 병뚜껑을 집어 박스의 구멍에 넣어 보라고 한다.
- 수행되면 영아 스스로 병뚜껑을 손으로 집어 박스의 구멍에 넣어 보라고 한다.
- 수행되면 영아의 특성에 맞는 적절한 강화제를 제공한다.

방법 ❷

- 교사가 박스에 병뚜껑이 들어갈 수 있도록 적당하게 구멍을 뚫어 제시한다.
- 교사가 손으로 병뚜껑을 집어 박스의 구멍에 넣는 시범을 보인다.
- 영아에게 교사를 모방하여 손으로 병뚜껑을 집어 박스의 구멍에 넣어 보라고 한다.
- 넣지 못하면 교사가 영아의 손을 잡고 병뚜껑을 집어 박스의 구멍에 넣어 준다.
- 교사가 영아의 손에 병뚜껑을 올려 준 후 영아에게 박스 구멍에 넣어 보라고 한다.
- 넣지 못하면 교사가 영아의 손을 잡고 병뚜껑을 집어 박스의 구멍에 넣는 동작을 반복해 준다.
- 도움을 점차 줄여 간다.
- 수행되면 영아 스스로 병뚜껑을 손으로 집어 박스의 구멍에 넣어 보라고 한다.
- 수행되면 영아의 특성에 맞는 적절한 강화제를 제공한다.

☞ 연령이 어릴수록 박스에 구멍을 크게 뚫어 주는 것이 좋다. 그리고 구멍에 넣을 물건도 병뚜

껑 대신 영아가 손으로 쉽게 잡을 수 있는 물건으로 대체해 주어도 무방하다.

☞ 영아에 따라 방바닥에 앉혀서 지도하거나 아기 의자에 앉혀서 지도하면 된다.

1~2
세

* 사진 출처: 령 트리오 재구성

20 도리도리하기

1~2세

목표 | 도리도리 놀이를 할 수 있다.

자료 | 강화제

방법 ❶

- 교사가 "나~처럼 해 봐요 ♫ 이~렇게"라고 노래를 부르며 '도~리 도~리'(고개를 좌우로 반복하여 흔듦)를 하는 시범을 보인다.
- 영아에게 교사를 모방하여 '도리도리'를 하게 한다.
- 수행되면 교사가 '도리도리'라고 한 번 한 후 영아도 '도리도리'를 하게 한다.
- 수행되면 교사와 영아가 번갈아 가며 '도리도리'를 한다.
- 수행되면 영아의 특성에 맞는 적절한 강화제를 제공한다.

방법 ❷

- 교사가 "나~처럼 해 봐요 ♫ 이~렇게"라고 노래를 부르며 '도~리 도~리'(고개를 좌우로 반복하여 흔듦)를 하는 시범을 보인다.
- 영아에게 교사를 모방하여 '도리도리'를 하게 한다.
- 모방하지 못하면 교사가 영아의 고개를 잡고 오른쪽과 왼쪽으로 번갈아 가며 반복하여 돌려 준다.
- 교사가 영아의 고개를 잡고 오른쪽으로 돌려 준 후 영아에게 왼쪽으로 고개를 돌려 보게 한다.
- 돌리지 못하면 교사가 영아의 고개를 잡고 오른쪽과 왼쪽으로 번갈아 가며 돌리는 동작을 반복해 준다.
- 교사가 영아의 고개에 살짝 손을 대 준 후 영아에게 오른쪽과 왼쪽으로 번갈아 가며 반복하여 고개를 돌리게 한다.

- 도움을 점차 줄여 간다.
- 수행되면 교사가 '도리도리'라고 한 번 한 후 영아도 '도리도리'를 하게 한다.
- 수행되면 교사와 영아가 번갈아 가며 '도리도리'를 한다.
- 수행되면 영아의 특성에 맞는 적절한 강화제를 제공한다.

21 이불 슬라이드

목표 | 미끄럼틀 타듯이 이불에서 밀려 떨어질 수 있다.

자료 | 얇은 이불, 담요, 강화제

방법 ❶
- 교사가 유아를 이불 위에 앉힌 후 이불의 끝자락을 잡아 쭉 위로 당겨 주면 유아가 미끄럼틀 타듯이 '슝' 밀려 떨어지는 시범을 보인다.
- 교사가 영아를 이불 위에 앉힌 후 이불의 끝자락을 잡아 쭉 위로 당겨 주면 영아도 미끄럼틀 타듯이 '슝' 밀려 떨어져 보라고 한다.
- 수행되면 교사가 영아를 이불 위에 앉힌 후 이불의 끝자락을 잡아 쭉 위로 당겨 주면 영아 스스로 미끄럼틀 타듯이 '슝' 밀려 떨어져 보라고 한다.
- 수행되면 영아의 특성에 맞는 적절한 강화제를 제공한다.

방법 ❷
- 교사가 유아를 이불 위에 앉힌 후 이불의 끝자락을 잡아 쭉 위로 당겨 주면 유아가 미끄럼틀 타듯이 '슝' 밀려 떨어지는 시범을 보인다.
- 교사가 영아를 이불 위에 앉힌 후 이불의 끝자락을 잡아 쭉 위로 당겨 주면 영아도 미끄럼틀 타듯이 '슝' 밀려 떨어져 보라고 한다.
- 떨어지지 못하면 교사가 영아를 이불 위에 앉힌 후 이불의 끝자락을 잡아 쭉 위로

당겨 줄 때 다른 교사가 영아를 이불 밖으로 떨어지도록 도와준다.

- 떨어지지 못하면 교사가 영아를 이불 위에 앉힌 후 이불의 끝자락을 잡아 쭉 위로 당겨 줄 때 다른 교사가 영아를 이불 밖으로 떨어지도록 도와주는 동작을 반복해 준다.
- 도움을 점차 줄여 간다.
- 수행되면 교사가 영아를 이불 위에 앉힌 후 이불의 끝자락을 잡아 쭉 위로 당겨 주면 영아 스스로 미끄럼틀 타듯이 '슝' 밀려 떨어져 보라고 한다.
- 수행되면 영아의 특성에 맞는 적절한 강화제를 제공한다.

☞ 영아가 다치지 않도록 두꺼운 담요를 밑에 깔아 놓고 이불 슬라이드 놀이를 시도해야 한다.

영아를 이불 위에 앉히기

영아를 이불 위에 앉힌 후 교사가 이불 끝자락 잡기

이불 끝자락 잡고 쭉 위로 당기기

교사가 이불 끝자락을 잡아 쭉 위로 당겨 줄 때
다른 교사가 영아를 이불 밖으로
나오도록 도와주기

영아가 미끄럼틀 타듯이 '슝' 내려오기

영아가 미끄럼틀 타듯이 '슝' 내려와 매트(담요)에 앉기

검은 도화지에 낙서하기

목표 | 검은 도화지에 끄적거리기를 할 수 있다.
자료 | 검은 도화지, 크레파스, 강화제

방법 ❶

- 교사가 검은 도화지에 크레파스로 끄적거리는 시범을 보인다.
- 영아에게 교사를 모방하여 검은 도화지에 크레파스로 끄적거려 보라고 한다.
- 수행되면 영아 스스로 검은 도화지에 크레파스로 끄적거려 보라고 한다.
- 수행되면 영아의 특성에 맞는 적절한 강화제를 제공한다.

방법 ❷

- 교사가 검은 도화지에 크레파스로 끄적거리는 시범을 보인다.
- 영아에게 교사를 모방하여 검은 도화지에 크레파스로 끄적거려 보라고 한다.
- 끄적거리지 못하면 교사가 영아의 손을 잡고 검은 도화지에 크레파스로 끄적거려 준다.
- 교사가 크레파스를 쥔 영아의 손을 검은 도화지에 올려 준 후 영아에게 끄적거려 보라고 한다.
- 끄적거리지 못하면 교사가 영아의 손을 잡고 검은 도화지에 크레파스로 끄적거리는 동작을 반복해 준다.
- 교사가 영아의 손에 크레파스를 쥐어 준 후 영아에게 끄적거려 보라고 한다.
- 도움을 점차 줄여 간다.
- 수행되면 영아 스스로 검은 도화지에 크레파스로 끄적거려 보라고 한다.
- 수행되면 영아의 특성에 맞는 적절한 강화제를 제공한다.

23 수정토 물감 놀이   1~2세

목표 | 수정토 물감 놀이를 할 수 있다.

자료 | 수정토, 다양한 색상의 물감, 물, 병, 붓, 트레이, 페트병 뚜껑, 강화제

방법 ❶

- 교사가 미리 병에 다양한 색상의 물감과 물을 넣어 섞어 놓는다.
- 교사가 병에 담긴 다양한 색상의 물감을 트레이에 순서대로 따른다.
- 교사가 물감 위에 수정토를 뿌려 준 후 손으로 수정토를 만지는 시범을 보인다.
- 영아에게 교사를 모방하여 손으로 수정토를 만져 보라고 한다.
- 수행되면 영아 스스로 손으로 수정토를 만져 보라고 한다.
- 수행되면 교사가 붓으로 수정토를 휘젓는 시범을 보인다.
- 영아에게 교사를 모방하여 붓으로 수정토를 휘저어 보라고 한다.
- 수행되면 영아 스스로 붓으로 수정토를 휘저어 보라고 한다.
- 수행되면 교사가 뚜껑으로 길을 만드는 시범을 보인다.
- 영아에게 교사를 모방하여 뚜껑으로 길을 만들어 보라고 한다.
- 수행되면 영아 스스로 뚜껑으로 길을 만들어 보라고 한다.
- 수행되면 영아의 특성에 맞는 적절한 강화제를 제공한다.

방법 ❷

- 교사가 미리 병에 다양한 색상의 물감과 물을 넣어 섞어 놓는다.
- 교사가 병에 담긴 다양한 색상의 물감을 트레이에 순서대로 따른다.
- 교사가 물감 위에 수정토를 뿌려 준 후 손으로 수정토를 만지는 시범을 보인다.
- 영아에게 교사를 모방하여 손으로 수정토를 만져 보라고 한다.
- 만지지 못하면 교사가 영아의 손을 잡고 수정토를 만져 준다.

- 교사가 영아의 손을 수정토 위에 올려 준 후 만져 보라고 한다.
- 만지지 못하면 교사가 영아의 손을 잡고 수정토를 만져 주는 동작을 반복해 준다.
- 도움을 점차 줄여 간다.
- 수행되면 영아 스스로 수정토를 손으로 만져 보라고 한다.
- 수행되면 교사가 붓으로 수정토를 휘젓는 시범을 보인다.
- 영아에게 교사를 모방하여 붓으로 수정토를 휘저어 보라고 한다.
- 휘젓지 못하면 수정토를 만지는 것을 지도한 것과 같은 방법으로 지도한다.
- 수행되면 교사가 뚜껑으로 길을 만드는 시범을 보인다.
- 영아에게 교사를 모방하여 뚜껑으로 길을 만들어 보라고 한다.
- 길을 만들지 못하면 수정토를 만지는 것을 지도한 것과 같은 방법으로 지도한다.
- 수행되면 영아의 특성에 맞는 적절한 강화제를 제공한다.

☞ 영아의 상태에 따라 수정토를 만지는 것, 붓으로 수정토를 휘젓는 것, 뚜껑으로 길을 만드는 것 중 선택하여 지도해도 무방하다.

트레이 준비

교사가 트레이에 물감 따르기

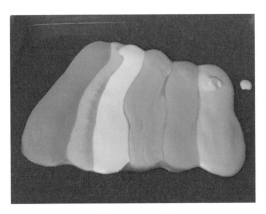

물감 따르기 완성

수정토 준비

교사가 물감에 수정토 뿌리기

손으로 수정토 만지기

손으로 수정토 만지기

붓 제공

붓으로 수정토 휘젓기

붓으로 수정토 휘젓기

교사가 뚜껑으로 길 만들기 시범

영아가 뚜껑으로 길 만들기

* 사진 출처: 령 트리오 재구성

24 잼잼 하기

목표 | 잼잼(죔죔) 놀이를 할 수 있다.

자료 | 강화제

방법 ❶

- 교사가 "나~처럼 해 봐요 ♬ 이~렇게"라고 노래를 부르며 '잼~잼'(주먹을 반복적으로 쥐었다 폄)을 하는 시범을 보인다.
- 영아에게 교사를 모방하여 '잼~잼'을 하게 한다.
- 수행되면 교사가 '잼~잼'을 한 번 한 후 영아도 '잼~잼'을 하게 한다.
- 수행되면 교사와 영아가 번갈아 가며 '잼~잼'을 한다.
- 수행되면 영아의 특성에 맞는 적절한 강화제를 제공한다.

방법 ❷

- 교사가 "나~처럼 해 봐요 ♬ 이~렇게"라고 노래를 부르며 '잼~잼'(주먹을 반복적으로 쥐었다 폄)을 하는 시범을 보인다.
- 영아에게 교사를 모방하여 '잼~잼'을 하게 한다.
- 모방하지 못하면 교사가 영아의 손을 잡고 주먹을 반복적으로 쥐었다 펴 준다.
- 교사가 영아의 손을 잡고 주먹을 쥐어 준 후 영아에게 주먹을 펴 보게 한다.
- 펴지 못하면 교사가 영아의 손을 잡고 주먹을 반복적으로 쥐었다 펴는 동작을 반복해 준다.
- 교사가 영아의 손을 잡고 살짝 주먹을 쥐게 해 준 후 영아에게 주먹을 반복적으로 쥐었다 펴 보게 한다.
- 도움을 점차 줄여 간다.
- 수행되면 교사가 '잼~잼'을 한 번 한 후 영아도 '잼~잼'을 하게 한다.

- 수행되면 교사와 영아가 번갈아 가며 '잼~잼'을 한다.
- 수행되면 영아의 특성에 맞는 적절한 강화제를 제공한다.

25 버블 랩으로 마구 찍기 `1~2세`

목표 | 버블 랩으로 마구 찍기를 할 수 있다.

자료 | 버블 랩, 물감, 고무줄, 도화지(스케치북), 강화제

방법 ❶
- 교사가 접시에 물감을 풀어 제시한다.
- 교사가 영아의 손을 버블 랩으로 잘 감싼 후 흘러내리지 않도록 손목을 고무줄 등으로 묶어 준다.
- 교사도 버블 랩으로 손을 감싼 후 버블 랩에 물감을 묻혀 도화지에 마구 찍는 시범을 보인다.
- 영아에게 교사를 모방하여 버블 랩을 감싼 손에 물감을 묻혀 도화지에 마구 찍어 보라고 한다.
- 수행되면 영아 스스로 버블 랩을 감싼 손에 물감을 묻혀 도화지에 마구 찍어 보라고 한다.
- 수행되면 영아의 특성에 맞는 적절한 강화제를 제공한다.

방법 ❷
- 교사가 접시에 물감을 풀어 제시한다.
- 교사가 영아의 손을 버블 랩으로 잘 감싼 후 흘러내리지 않도록 손목을 고무줄 등으로 묶어 준다.
- 교사도 버블 랩으로 손을 감싼 후 버블 랩에 물감을 묻히는 시범을 보인다.

- 영아에게 교사를 모방하여 버블 랩을 감싼 손에 물감에 묻혀 보라고 한다.
- 묻히지 못하면 교사가 버블 랩을 감싼 영아의 손을 잡고 버블 랩에 물감을 묻혀 준다.
- 교사가 버블 랩을 감싼 영아의 손을 잡아 물감에 대 준 후 묻혀 보라고 한다.
- 묻히지 못하면 교사가 버블 랩을 감싼 영아의 손을 잡고 버블 랩에 물감을 묻히는 동작을 반복해 준다.
- 도움을 점차 줄여 간다.
- 수행되면 영아 스스로 버블 랩을 감싼 손에 물감을 묻혀 보라고 한다.

- 수행되면 교사가 버블 랩을 감싼 손에 묻은 물감을 도화지에 마구 찍는 시범을 보인다.
- 영아에게 교사를 모방하여 버블 랩을 감싼 손에 묻은 물감을 도화지에 마구 찍어 보라고 한다.
- 찍지 못하면 교사가 버블 랩에 물감을 묻힌 영아의 손을 잡고 도화지에 마구 찍어 준다.
- 교사가 버블 랩에 물감을 묻힌 영아의 손을 잡고 도화지에 마구 찍어 주다가 영아에게 찍어 보라고 한다.
- 찍지 못하면 교사가 버블 랩에 물감을 묻힌 영아의 손을 잡고 도화지에 마구 찍는 동작을 반복해 준다.
- 도움을 점차 줄여 간다.
- 수행되면 영아 스스로 버블 랩을 감싼 손에 묻은 물감을 도화지에 마구 찍어 보라고 한다.
- 수행되면 영아의 특성에 맞는 적절한 강화제를 제공한다.

☞ 버블 랩은 우리가 흔히 에어 캡 혹은 뽁뽁이라고 부르는 것을 말한다.

☞ 활동을 진행하기 전 재료를 적절하게 탐색할 수 있는 시간을 허용하는 것도 효과적이다.

교사가 손에 버블 랩 감싸 주기

스케치북에 톡톡톡 찍기

스케치북에 톡톡톡 찍기

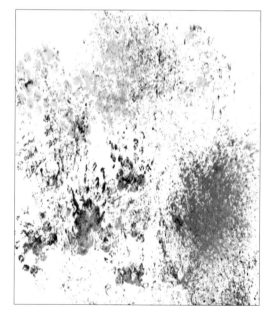

완성된 예

* 사진 출처: 령 트리오 재구성

26 납작구슬을 담은 트레이 흔들기

목표 | 납작구슬을 담은 트레이를 흔들 수 있다.

자료 | 다양한 색깔의 폼페인트 물감, 납작구슬, 트레이, 강화제

방법 ❶

- 교사가 트레이에 다양한 색깔의 폼페인트를 펌핑해 준 후 폼페인트에 납작구슬을 넣어 준다.
- 교사가 납작구슬을 담은 트레이를 앞, 뒤, 좌, 우로 흔드는 시범을 보인다.
- 영아에게 교사를 모방하여 납작구슬을 담은 트레이를 앞, 뒤, 좌, 우로 흔들어 보라고 한다.
- 수행되면 영아 스스로 납작구슬을 담은 트레이를 앞, 뒤, 좌, 우로 흔들어 보라고 한다.
- 수행되면 영아의 특성에 맞는 적절한 강화제를 제공한다.

방법 ❷

- 교사가 트레이에 다양한 색깔의 폼페인트를 펌핑해 준 후 폼페인트에 납작구슬을 넣어 준다.
- 교사가 납작구슬을 담은 트레이를 앞, 뒤로 흔드는 시범을 보인다.
- 영아에게 교사를 모방하여 납작구슬을 담은 트레이를 앞, 뒤로 흔들어 보라고 한다.
- 흔들지 못하면 교사가 영아의 손을 잡고 납작구슬을 담은 트레이를 앞, 뒤로 흔들어 준다.
- 교사가 영아의 손을 트레이에 대 준 후 영아에게 앞, 뒤로 흔들어 보라고 한다.
- 흔들지 못하면 교사가 영아의 손을 잡고 납작구슬을 담은 트레이를 앞, 뒤로 흔들어 주는 동작을 반복해 준다.
- 교사가 트레이를 가리키며 영아에게 앞, 뒤로 흔들어 보라고 한다.
- 도움을 점차 줄여 간다.

- 수행되면 영아 스스로 납작구슬을 담은 트레이를 앞, 뒤로 흔들어 보라고 한다.
- 수행되면 교사가 납작구슬을 담은 트레이를 좌, 우로 흔드는 시범을 보인다.
- 영아에게 교사를 모방하여 납작구슬을 담은 트레이를 좌, 우로 흔들어 보라고 한다.
- 흔들지 못하면 납작구슬을 담은 트레이를 앞, 뒤로 흔든 것과 같은 방법으로 지도 한다.
- 수행되면 영아 스스로 납작구슬을 담은 트레이를 좌, 우로 흔들어 보라고 한다.
- 수행되면 영아 스스로 납작구슬을 담은 트레이를 앞, 뒤, 좌, 우로 흔들어 보라고 한다.
- 수행되면 영아의 특성에 맞는 적절한 강화제를 제공한다.

☞ 수행되면 확장 놀이로 사진처럼 한 방향으로 구슬을 모으거나 손으로 트레이 바닥 휘젓기, 손으로 트레이 바닥을 휘저은 후 손가락으로 마구 그리기 등의 놀이를 지도할 수 있다.

폼페인트 물감

납작구슬

트레이 쥐고 앞, 뒤로 흔들기

트레이를 좌로 흔들기

트레이를 우로 흔들기

한 방향으로 구슬 모으기

손으로 트레이 바닥 휘젓기

트레이에 손가락으로 마구 그리기

트레이에 그려진 그림

* 사진 출처: 령 트리오 재구성

27 잠시 혼자 놀기   1~2세

목표 | 잠시 혼자 놀 수 있다.
자료 | 강화제

방법 ❶

- 교사가 잠시 혼자 노는 시범을 보인다.
- 영아에게 교사를 모방하여 잠시 혼자 놀게 한다.
- 수행되면 영아 스스로 잠시 혼자 놀게 한다.
- 수행되면 영아의 특성에 맞는 적절한 강화제를 제공한다.

방법 ❷

- 교사가 잠시 혼자 노는 시범을 보인다.
- 영아에게 교사를 모방하여 잠시 혼자 놀게 한다.
- 모방하지 못하면 교사가 영아와 함께 놀아 준다.
- 교사가 영아와 함께 놀다가 영아 스스로 잠시 혼자 놀게 한다.
- 놀지 못하면 교사가 영아와 함께 놀다가 영아 스스로 잠시 혼자 노는 동작을 반복해 준다.
- 도움을 점차 줄여 간다.
- 수행되면 영아 스스로 잠시 혼자 놀게 한다.
- 수행되면 영아의 특성에 맞는 적절한 강화제를 제공한다.

28 다양한 촉감 탐색 놀이 1~2세

목표 | 다양한 촉감을 탐색할 수 있다.

자료 | 다양한 촉감 신발, 강화제

방법 ❶

- 교사가 맨발로 다양한 촉감 신발을 신고 걸어 다니는 시범을 보인다.
- 교사가 영아의 맨발에 촉감 신발을 신겨 준 후 교사를 모방하여 걸어 다녀 보라고 한다.
- 수행되면 교사가 영아의 맨발에 촉감 신발을 신겨 준 후 영아 스스로 걸어 다녀 보라고 한다.
- 수행되면 영아의 특성에 맞는 적절한 강화제를 제공한다.

방법 ❷

- 교사가 맨발로 예를 들어 폼폼이 촉감 신발을 신고 걸어 다니는 시범을 보인다.
- 교사가 영아의 맨발에 촉감 신발을 신겨 준 후 교사를 모방하여 걸어 다녀 보라고 한다.
- 모방하지 못하면 교사가 영아의 맨발에 폼폼이 촉감 신발을 신겨 준 후 영아의 손을 잡고 함께 걸어 준다.
- 교사가 영아의 손을 잡고 걷다가 영아의 손을 놓고 혼자 걷게 한다.
- 걷지 못하면 교사가 영아의 맨발에 폼폼이 촉감 신발을 신겨 준 후 영아의 손을 잡고 함께 걷는 동작을 반복해 준다.
- 도움을 점차 줄여 간다.
- 수행되면 교사가 영아의 맨발에 폼폼이 촉감 신발을 신겨 준 후 영아 스스로 걸어 다녀 보라고 한다.
- 수행되면 교사가 맨발로 다양한 촉감 신발을 신고 걸어 다니는 시범을 보인다.
- 교사가 영아의 맨발에 다양한 촉감 신발을 신겨 준 후 교사를 모방하여 걸어 다녀 보라고 한다.

• 수행되면 영아의 특성에 맞는 적절한 강화제를 제공한다.

☞ 영아용 실내화(슬리퍼)를 이용하여 각종 감각을 탐색할 수 있도록 산타 슬리퍼(빨대 V자로 붙이기), 눈사람 슬리퍼(폼폼이), 트리 슬리퍼(때수건), 루돌프 슬리퍼(단추)에 각 자료가 떨어지지 않도록 글루건으로 튼튼하게 붙인다.

☞ 실내화(슬리퍼)에 감각 자료를 붙이기 힘들 경우 하드보드지에 감각 자료를 붙여 발이나 손으로 느낄 수 있도록 지도해도 무방하다.

☞ 제시된 감각 자료 외에도 집에서 쉽게 구할 수 있는 쌀, 콩, 팥, 호두, 실크 천 등을 다양하게 활용하면 효과적이다.

지점토를 마음대로 주무르기 1~2세

목표 | 지점토를 마음대로 주무를 수 있다.

자료 | 지점토, 강화제

방법 ❶

- 교사가 지점토를 마음대로 주무르는 시범을 보인다.
- 영아에게 교사를 모방하여 지점토를 마음대로 주물러 보라고 한다.
- 수행되면 영아 스스로 지점토를 마음대로 주물러 보라고 한다.
- 수행되면 영아의 특성에 맞는 적절한 강화제를 제공한다.

방법 ❷

- 교사가 지점토를 마음대로 주무르는 시범을 보인다.
- 영아에게 교사를 모방하여 지점토를 마음대로 주물러 보라고 한다.
- 주무르지 못하면 교사가 영아의 손을 잡고 지점토를 마음대로 주물러 준다.
- 교사가 영아의 손을 잡고 지점토를 마음대로 주물러 주다가 영아에게 주물러 보라고 한다.
- 주무르지 못하면 교사가 영아의 손을 잡고 지점토를 마음대로 주물러 주는 동작을 반복해 준다.
- 교사가 영아의 손에 지점토를 올려 준 후 마음대로 주물러 보라고 한다.
- 도움을 점차 줄여 간다.
- 수행되면 영아 스스로 지점토를 마음대로 주물러 보라고 한다.
- 수행되면 영아의 특성에 맞는 적절한 강화제를 제공한다.

☞ 지점토를 주무르는 것은 소근육 발달을 도우며 촉각을 발달시킬 수 있는 재미있는 놀이

중 하나이다.

☞ 지점토 대신 컬러 믹스 고무찰흙으로 지도하거나 밀가루 반죽에 식용 색소나 물감 등으로
색을 내어 사용해도 무방하다.

1~2
세

30. 야광물감에 공 굴리기

목표 | 야광물감에 공을 굴릴 수 있다.

자료 | 야광물감, 물, 공, 일회용 접시, 강화제

방법 ❶

- 교사가 일회용 접시에 야광물감을 부어 제시한다.
- 교사가 야광물감에 공을 굴려 물감을 묻히는 시범을 보인다.
- 영아에게 교사를 모방하여 야광물감에 공을 굴려 물감을 묻혀 보라고 한다.
- 수행되면 영아 스스로 야광물감에 공을 굴려 물감을 묻혀 보라고 한다.
- 수행되면 영아의 특성에 맞는 적절한 강화제를 제공한다.

방법 ❷

- 교사가 일회용 접시에 야광물감을 부어 제시한다.
- 교사가 공을 쥐고 굴리는 시범을 보인다.
- 영아에게 교사를 모방하여 공을 쥐고 굴려 보라고 한다.
- 쥐고 굴리지 못하면 교사가 영아의 손을 잡고 공을 쥐고 굴려 준다.
- 교사가 공을 가리키며 영아에게 공을 쥐고 굴려 보라고 한다.
- 쥐고 굴리지 못하면 교사가 영아의 손을 잡고 공을 쥐고 굴리는 동작을 반복해 준다.

- 수행되면 영아 스스로 공을 쥐고 굴려 보라고 한다.
- 수행되면 교사가 야광물감에 공을 굴려 물감을 묻히는 시범을 보인다.
- 영아에게 교사를 모방하여 야광물감에 공을 굴려 물감을 묻혀 보라고 한다.
- 묻히지 못하면 교사가 영아의 손을 잡고 야광물감에 공을 굴려 물감을 묻혀 준다.
- 교사가 영아의 손을 잡고 야광물감에 공을 굴려 물감을 묻혀 주다가 영아에게 묻혀 보라고 한다.
- 묻히지 못하면 교사가 영아의 손을 잡고 야광물감에 공을 굴려 물감을 묻혀 주는 동작을 반복해 준다.
- 교사가 영아의 손을 잡고 야광물감에 공을 굴려 3/4 정도 묻혀 주다가 영아에게 묻혀 보라고 한다.
- 수행되면 교사가 영아의 손을 잡고 야광물감에 공을 굴려 2/4 정도 물감을 묻혀 주다가 영아에게 묻혀 보라고 한다.
- 수행되면 교사가 영아의 손을 잡고 야광물감에 공을 굴려 1/4 정도 물감을 묻혀 주다가 영아에게 묻혀 보라고 한다.
- 도움을 점차 줄여 간다.
- 수행되면 영아 스스로 야광물감에 공을 굴려 물감을 묻혀 보라고 한다.
- 수행되면 영아의 특성에 맞는 적절한 강화제를 제공한다.

☞ 야광물감이 없을 경우 일반 물감을 사용해도 무난하다.

**2~3
세**

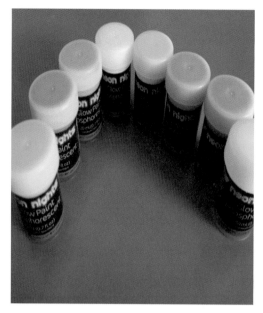

야광물감 제시

교사가 일회용 접시에 야광물감 부어 주기

야광물감에 공 굴리기

야광물감을 묻힌 공

* 사진 출처: 령 트리오 재구성

31 풍선 뽑기 　2~3세

목표 ｜ 풍선을 뽑을 수 있다.

자료 ｜ 상자, 송곳, 풍선, 강화제

방법 ❶

- 교사가 상자에 풍선이 들어갈 구멍을 여러 개 뚫은 후 구멍에 풍선을 끼워 놓는다.
- 교사가 상자의 구멍에 끼워져 있는 풍선을 뽑는 시범을 보인다.
- 영아에게 교사를 모방하여 상자의 구멍에 끼워져 있는 풍선을 뽑아 보라고 한다.
- 수행되면 영아 스스로 상자의 구멍에 끼워져 있는 풍선을 뽑아 보라고 한다.
- 수행되면 영아의 특성에 맞는 적절한 강화제를 제공한다.

방법 ❷

- 교사가 상자에 풍선이 들어갈 구멍을 여러 개 뚫은 후 구멍에 풍선을 끼워 놓는다.
- 교사가 상자의 구멍에 끼워져 있는 풍선을 뽑는 시범을 보인다.
- 영아에게 교사를 모방하여 상자의 구멍에 끼워져 있는 풍선을 뽑아 보라고 한다.
- 모방하지 못하면 교사가 영아의 손을 잡고 상자의 구멍에 끼워져 있는 풍선을 뽑아 준다.
- 교사가 영아의 손을 상자의 구멍에 끼워져 있는 풍선에 대 준 후 풍선을 뽑아 보라고 한다.
- 뽑지 못하면 교사가 영아의 손을 잡고 상자의 구멍에 끼워져 있는 풍선을 뽑아 주는 동작을 반복해 준다.
- 교사가 상자의 구멍에 끼워져 있는 풍선을 가리키며 영아에게 뽑아 보라고 한다.
- 도움을 점차 줄여 간다.
- 수행되면 영아 스스로 상자의 구멍에 끼워져 있는 풍선을 뽑아 보라고 한다.
- 수행되면 영아의 특성에 맞는 적절한 강화제를 제공한다.

상자에 풍선이 들어갈 구멍 뚫기

구멍에 풍선 끼워 제시

교사가 풍선 뽑는 시범

영아가 풍선 잡기

풍선 뽑기

풍선 뽑기 수행

* 사진 출처: 렁 트리오 재구성

클레이에 빨대 꽂기

목표 | 클레이에 빨대를 꽂을 수 있다.

자료 | 클레이, 다양한 색상의 빨대, 냄비류, 일회용 접시, 강화제

방법 ❶

- 교사가 클레이를 일회용 접시나 냄비 등에 담아 제시한다.
- 교사가 클레이에 다양한 색상의 빨대를 꽂는 시범을 보인다.
- 영아에게 교사를 모방하여 클레이에 다양한 색상의 빨대를 꽂아 보라고 한다.
- 수행되면 영아 스스로 클레이에 다양한 색상의 빨대를 꽂아 보라고 한다.
- 수행되면 영아의 특성에 맞는 적절한 강화제를 제공한다.

방법 ❷

- 교사가 클레이를 일회용 접시나 냄비 등에 담아 제시한다.
- 교사가 클레이에 다양한 색상의 빨대를 꽂는 시범을 보인다.
- 영아에게 교사를 모방하여 클레이에 다양한 색상의 빨대를 꽂아 보라고 한다.
- 꽂지 못하면 교사가 영아의 손을 잡고 클레이에 다양한 색상의 빨대를 꽂아 준다.
- 교사가 빨대를 쥔 영아의 손을 클레이에 대 준 후 영아에게 꽂아 보라고 한다.
- 꽂지 못하면 교사가 영아의 손을 잡고 클레이에 다양한 색상의 빨대를 꽂는 동작
  을 반복해 준다.
- 교사가 클레이를 가리키며 영아에게 다양한 색상의 빨대를 꽂아 보라고 한다.
- 도움을 점차 줄여 간다.
- 수행되면 영아 스스로 클레이에 다양한 색상의 빨대를 꽂아 보라고 한다.
- 수행되면 영아의 특성에 맞는 적절한 강화제를 제공한다.

교사가 클레이에 빨대 꽂아 제시

교사를 모방하여 클레이에 빨대 꽂기

교사를 모방하여 클레이에 빨대 꽂기

영아 스스로 클레이에 빨대 꽂기

영아 스스로 클레이에 빨대 꽂기

교사가 클레이에 빨대 꽂아 제시

교사를 모방하여 클레이에 빨대 꽂기

영아 스스로 클레이에 빨대 꽂기

* 사진 출처: 렁 트리오 재구성

2~3
세

33 플레이콘 창문에 붙이기 2~3세

목표 │ 플레이콘을 창문에 붙일 수 있다.
자료 │ 플레이콘, 스펀지, 물, 강화제

방법 ❶

- 교사가 스펀지에 미리 물을 부어 놓는다.
- 교사가 스펀지에 플레이콘을 찍어 창문에 붙이는 시범을 보인다.
- 영아에게 교사를 모방하여 스펀지에 플레이콘을 찍어 창문에 붙여 보라고 한다.
- 수행되면 영아 스스로 스펀지에 플레이콘을 찍어 창문에 붙여 보라고 한다.
- 수행되면 영아의 특성에 맞는 적절한 강화제를 제공한다.

방법 ❷

- 교사가 스펀지에 미리 물을 부어 놓는다.
- 교사가 스펀지에 플레이콘을 찍는 시범을 보인다.
- 영아에게 교사를 모방하여 스펀지에 플레이콘을 찍어 보라고 한다.
- 찍지 못하면 교사가 영아의 손을 잡고 스펀지에 플레이콘을 찍어 준다.
- 교사가 플레이콘을 잡은 영아의 손을 스펀지에 대 준 후 영아에게 찍어 보라고 한다.
- 찍지 못하면 교사가 영아의 손을 잡고 스펀지에 플레이콘을 찍어 주는 동작을 반복해 준다.
- 교사가 플레이콘을 잡은 영아의 손을 스펀지 가까이 대 준 후 영아에게 찍어 보라고 한다.
- 수행되면 교사가 플레이콘을 가리키며 영아에게 스펀지에 찍어 보라고 한다.
- 도움을 점차 줄여 간다.

- 수행되면 영아 스스로 스펀지에 플레이콘을 찍어 보라고 한다.
- 수행되면 교사가 스펀지에 플레이콘을 찍어 창문에 붙이는 시범을 보인다.
- 영아에게 교사를 모방하여 스펀지에 플레이콘을 찍어 창문에 붙여 보라고 한다.
- 붙이지 못하면 교사가 영아에게 스펀지에 플레이콘을 찍어 보라고 한 후 영아의 손을 잡고 창문에 붙여 준다.
- 교사가 플레이콘을 잡은 영아의 손을 창문 가까이 대 준 후 영아에게 붙여 보라고 한다.
- 붙이지 못하면 교사가 영아에게 스펀지에 플레이콘을 찍어 보라고 한 후 영아의 손을 잡고 창문에 붙여 주는 동작을 반복해 준다.
- 교사가 플레이콘을 가리키며 영아에게 창문에 붙여 보라고 한다.
- 도움을 점차 줄여 간다.
- 수행되면 영아 스스로 스펀지에 플레이콘을 찍어 창문에 붙여 보라고 한다.
- 수행되면 영아의 특성에 맞는 적절한 강화제를 제공한다.

2~3
세

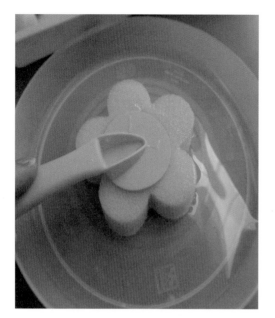

스펀지에 물 적시기

스펀지에 플레이콘 찍기

플레이콘 붙이기

플레이콘 붙이기

* 사진 출처: 령 트리오 재구성

커피 컵의 구멍에 폼폼이 넣기

목표 | 커피 컵의 구멍에 폼폼이를 넣을 수 있다.
자료 | 커피 컵, 폼폼이, 강화제

방법 ❶

- 교사가 커피 컵의 구멍에 폼폼이를 넣는 시범을 보인다.
- 영아에게 교사를 모방하여 커피 컵의 구멍에 폼폼이를 넣어 보라고 한다.
- 수행되면 영아 스스로 커피 컵의 구멍에 폼폼이를 넣어 보라고 한다.
- 수행되면 영아의 특성에 맞는 적절한 강화제를 제공한다.

방법 ❷

- 교사가 손가락으로 커피 컵의 구멍을 짚는 시범을 보인다.
- 영아에게 교사를 모방하여 손가락으로 커피 컵의 구멍을 짚어 보라고 한다.
- 짚지 못하면 교사가 영아의 손가락을 잡고 커피 컵의 구멍을 확인시켜 준다.
- 교사가 영아의 손을 커피 컵의 뚜껑에 올려 준 후 영아에게 커피 컵의 구멍을 짚어 보라고 한다.
- 짚지 못하면 교사가 영아의 손가락을 잡고 커피 컵의 구멍을 확인시켜 주는 동작을 반복해 준다.
- 교사가 영아의 손을 커피 컵에 대 준 후 손가락으로 커피 컵의 구멍을 짚어 보라고 한다.
- 도움을 점차 줄여 간다.
- 수행되면 영아 스스로 커피 컵의 구멍을 손가락으로 짚어 보라고 한다.
- 수행되면 교사가 커피 컵의 구멍에 폼폼이를 넣는 시범을 보인다.
- 영아에게 교사를 모방하여 커피 컵의 구멍에 폼폼이를 넣어 보라고 한다.

- 모방하지 못하면 교사가 영아의 손을 잡고 커피 컵의 구멍에 폼폼이를 넣어 준다.
- 교사가 영아의 손에 폼폼이를 쥐어 준 후 커피 컵의 구멍에 대 준 다음 넣어 보라고 한다.
- 넣지 못하면 교사가 영아의 손을 잡고 커피 컵의 구멍에 폼폼이를 넣어 주는 동작을 반복해 준다.
- 교사가 영아의 손에 폼폼이를 쥐어 준 후 커피 컵의 구멍에 넣어 보라고 한다.
- 수행되면 교사가 폼폼이를 가리키며 영아에게 커피 컵의 구멍에 넣어 보라고 한다.
- 도움을 점차 줄여 간다.
- 수행되면 영아 스스로 커피 컵의 구멍에 폼폼이를 넣어 보라고 한다.
- 수행되면 영아의 특성에 맞는 적절한 강화제를 제공한다.

☞ 수행되면 컵에서 폼폼이를 쏟게 하거나 커피 컵을 옆으로 쥐고 구멍에 폼폼이 넣기를 해도 영아가 흥미로워한다.

구멍이 있는 커피 컵과 폼폼이

커피 컵의 구멍을 손가락으로 확인시키기

커피 컵의 구멍에 폼폼이 넣기

커피 컵의 구멍에 폼폼이 넣기

완성된 모양

컵에서 폼폼이 쏟기

옆으로 기울여 구멍에 폼폼이 넣기

옆으로 기울여 구멍에 폼폼이 넣기

* 사진 출처: 령 트리오 재구성

35 핑거페인팅

목표 | 핑거페인팅을 할 수 있다.

자료 | 포스터물감(물감), 대야, 도배 풀, 물, 전지 크기의 비닐(큰 전지), 유리 테이프, 일
회용 접시, 강화제

방법 ❶

• 교사가 대야에 도배 풀과 물을 1:1로 미리 섞어 놓는다.

• 교사가 유리 테이프로 전지 크기의 비닐(큰 전지)을 적당한 곳에 붙여 놓는다.

• 교사가 영아가 보는 앞에서 풀에 다양한 색깔의 포스터물감(물감)을 섞어 일회용
접시에 담는다.

• 교사가 원하는 색의 물감을 손가락에 문혀 전지 크기의 비닐 위에서 자유롭게 그
림을 그리는 시범을 보인다.

• 투명한 비닐 위에 영아가 좋아하는 색의 풀을 한 주걱 준 후 영아에게 교사를 모
방하여 자유롭게 손으로 문질러 그림을 그려 보라고 한다.

• 수행되면 교사가 영아가 좋아하는 색의 풀을 한 주걱 준 후 영아 스스로 자유롭게
손으로 문질러 그림을 그려 보라고 한다.

• 수행되면 영아의 특성에 맞는 적절한 강화제를 제공한다.

방법 ❷

• 교사가 대야에 도배 풀과 물을 1:1로 미리 섞어 놓는다.

• 교사가 유리 테이프로 전지 크기의 비닐(큰 전지)을 적당한 곳에 붙여 놓는다.

• 교사가 영아가 보는 앞에서 풀에 다양한 색깔의 포스터물감(물감)을 섞어 일회용
접시에 담는다.

• 교사가 원하는 색의 물감을 손가락에 문혀 전지 크기의 비닐 위에서 자유롭게 그

림을 그리는 시범을 보인다.

- 투명한 비닐 위에 영아가 좋아하는 색의 풀을 한 주걱 준 후 영아에게 교사를 모방하여 자유롭게 손으로 문질러 그림을 그려 보라고 한다.
- 그리지 못하면 교사가 영아의 손을 잡고 자유롭게 손으로 문질러 그림을 그리게 도와준다.
- 교사가 영아가 좋아하는 색의 풀에 영아의 손을 대 준 후 자유롭게 손으로 문질러 그림을 그려 보라고 한다.
- 그리지 못하면 교사가 영아의 손을 잡고 자유롭게 손으로 문질러 그림을 그릴 수 있도록 반복해 준다.
- 도움을 점차 줄여 간다.
- 수행되면 교사가 영아가 좋아하는 색의 풀을 한 주걱 준 후 영아 스스로 자유롭게 손으로 문질러 그림을 그려 보라고 한다.
- 수행되면 영아의 특성에 맞는 적절한 강화제를 제공한다.

☞ 비닐이 움직이지 않도록 유리 테이프로 고정시킨 다음 지도하도록 한다.

☞ 손으로 밀가루 풀을 만지기 싫어하는 영아는 빗이나 압설자(나무나 쇠로 만들어진 긴 막대 모양이고, 혀를 아래로 눌러 입속을 살펴보는 기구)를 이용해 그림을 그리도록 한다. 압설자 대신 아이스크림 막대나 나무젓가락을 사용해도 무방하다.

☞ 스펀지에 물감을 묻혀 찍기 놀이를 해도 영아들이 흥미로워한다.

☞ 수행되면 영아의 상태에 따라 풀 위에 손으로 그린 그림을 종이에 찍어 내도록 지도할 수 있다.

☞ 수행되면 영아의 상태에 따라 손에 풀 물감을 묻혀 전지에 손바닥이나 발바닥을 찍도록 지도할 수 있다.

2~3
세

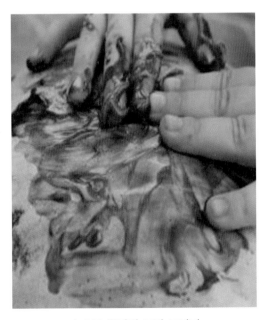

손으로 문질러 그림 그리기

영아의 손에 풀 물감을 묻혀
교사가 전지에 손바닥 찍어 주기

* 사진 출처: 령 트리오 재구성

36 이불 동굴

2~3세

목표 | 이불 동굴 놀이를 할 수 있다.

자료 | 이불(담요), 미끄럼틀, 의자 여러 개, 강화제

방법 ❶

- 교사가 미끄럼틀 위나 식탁 의자 혹은 의자 여러 개 위에 이불이나 담요를 대~충 아무 데나 걸쳐 이불 동굴(터널)을 만들어 놓는다.
- 교사가 이불 동굴을 통과하는 시범을 보인다.
- 영아에게 교사를 모방하여 이불 동굴을 통과해 보라고 한다.
- 수행되면 영아 스스로 이불 동굴을 통과해 보라고 한다.
- 수행되면 영아의 특성에 맞는 적절한 강화제를 제공한다.

방법 ❷

- 교사가 미끄럼틀 위나 식탁 의자 혹은 의자 여러 개 위에 이불이나 담요를 대~충 아무 데나 걸쳐 이불 동굴(터널)을 만들어 놓는다.
- 교사가 이불 동굴을 통과하는 시범을 보인다.
- 영아에게 교사를 모방하여 이불 동굴을 통과해 보라고 한다.
- 통과하지 못하면 교사가 영아와 함께 엎드려 영아의 손을 잡고 이불 동굴을 통과해 주거나 영아를 앞세워 뒤에서 밀어 주면서 밖으로 나오도록 도와준다.
- 교사가 영아와 함께 엎드려 영아의 손을 잡고 이불 동굴의 3/4을 통과해 주거나 영아를 앞세워 뒤에서 밀어 주면서 이불 동굴의 3/4을 통과해 준 후 영아 스스로 밖으로 나오도록 도와준다.
- 통과하지 못하면 교사가 영아와 함께 엎드려 영아의 손을 잡고 이불 동굴을 통과해 주거나 영아를 앞세워 뒤에서 밀어 주면서 밖으로 나오도록 도와주는 동작을

94

반복해 준다.

- 교사가 영아와 함께 엎드려 영아의 손을 잡고 이불 동굴의 1/4을 통과해 주거나 영아를 앞세워 뒤에서 밀어 주면서 이불 동굴의 1/4을 통과해 준 후 영아 스스로 밖으로 나오도록 도와준다.
- 교사가 영아와 함께 엎드려 영아의 손을 잡고 이불 동굴의 2/4를 통과해 주거나 영아를 앞세워 뒤에서 밀어 주면서 이불 동굴의 2/4를 통과해 준 후 영아 스스로 밖으로 나오도록 도와준다.
- 도움을 점차 줄여 간다.
- 수행되면 영아 스스로 이불 동굴을 통과해 보라고 한다.
- 수행되면 영아의 특성에 맞는 적절한 강화제를 제공한다.

☞ 집에 미끄럼틀이 있으면 다음 사진처럼 미끄럼틀 위나 식탁 및 의자 여러 개 위에 이불이나 담요를 대~충 아무 데나 걸쳐 주면 재미있는 이불 동굴을 만들 수 있다. 여기서 터널처럼 기어가기 및 자동차 굴리기, 까꿍 놀이 등을 할 수 있다.

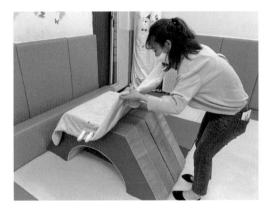

미끄럼틀 위에 이불이나 담요를
대~충 걸쳐 이불 동굴(터널) 만들기

미끄럼틀 위에 이불이나 담요를
대~충 걸쳐 이불 동굴(터널) 만들기

이불 동굴이 만들어진 모양

이불 동굴이 만들어진 모양

교사가 이불 동굴에 들어가는 시범

교사가 이불 동굴을 통과하는 시범

교사가 영아와 함께 엎드려 영아의 손을 잡고
이불 동굴 통과하기

교사가 영아를 앞세워 뒤에서 밀어 주면서
이불 동굴 통과하기

영아 스스로 이불 동굴 속으로 기어서 들어가기

영아 스스로 이불 동굴 속을 통과하여 나오기

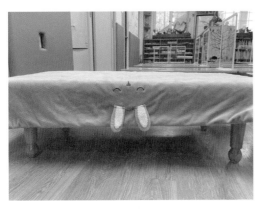

식탁 위에 이불이나 담요를 대~충 걸쳐
이불 동굴(터널) 만들기

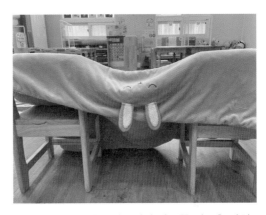

의자 여러 개 위에 이불이나 담요를 대~충 걸쳐
이불 동굴(터널) 만들기

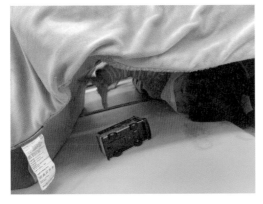

터널 속에서 자동차 굴리기

터널 속에서 까꿍 놀이 하기

37 소금에 염색하기

목표 | 소금에 염색을 할 수 있다.
자료 | 소금, 다양한 색깔의 식용 색소, 지퍼 백, 일회용 종이접시, 강화제

방법 ❶

- 교사가 지퍼 백에 소금을 먼저 넣고 식용 색소를 넣은 후 손으로 조물조물 주물러 소금을 물들이는 시범을 보인다.
- 교사가 지퍼 백에 소금을 넣고 식용 색소를 넣어 준 후 영아에게 교사를 모방하여 손으로 조물조물 주물러 소금을 물들여 보라고 한다.
- 수행되면 교사가 지퍼 백에 소금을 넣고 식용 색소를 넣어 준 후 영아 스스로 손으로 조물조물 주물러 소금을 물들여 보라고 한다.
- 수행되면 영아의 특성에 맞는 적절한 강화제를 제공한다.

방법 ❷

- 교사가 지퍼 백에 소금을 먼저 넣고 식용 색소를 넣은 후 손으로 조물조물 주물러 소금을 물들이는 시범을 보인다.
- 교사가 지퍼 백에 소금을 넣고 식용 색소를 넣어 준 후 영아에게 교사를 모방하여 손으로 조물조물 주물러 소금을 물들여 보라고 한다.
- 물들이지 못하면 교사가 영아의 손을 잡고 소금과 식용 색소를 조물조물 주물러 소금을 물들여 준다.
- 교사가 영아의 손을 잡고 소금과 식용 색소를 조물조물 주물러 주다가 영아 스스로 소금을 물들여 보라고 한다.
- 물들이지 못하면 교사가 영아의 손을 잡고 소금과 식용 색소를 조물조물 주물러 소금을 물들이는 동작을 반복해 준다.

- 도움을 점차 줄여 간다.
- 수행되면 교사가 지퍼 백에 소금을 넣고 식용 색소를 넣어 준 후 영아에게 스스로 손으로 조물조물 주물러 소금을 물들여 보라고 한다.
- 수행되면 영아의 특성에 맞는 적절한 강화제를 제공한다.

☞ 영아의 상태에 따라 교사가 지퍼 백에 소금을 먼저 넣고 식용 색소를 넣어 주는 대신 영아에게 소금을 넣게 하고 교사가 식용 색소 뚜껑을 열어 준 후 영아에게 식용 색소를 넣게 지도할 수도 있다.

2~3
세

소금과 지퍼 백

지퍼 백에 소금 넣기

식용 색소 뚜껑 열기

지퍼 백 깊이 손을 넣어 식용 색소 떨어뜨리기

지퍼 백 흔들기

변해 가는 소금 색

변한 소금 색

다른 식용 색소 넣기

변해 가는 소금 색

변한 소금 색

접시에 쏟기

색상별로 접시에 담기

* 사진 출처: 렁 트리오 재구성

38 모양 찍기

목표 | 다양한 도형블록에 물감을 묻혀 도화지에 마음대로 찍을 수 있다.

자료 | 다양한 도형블록, 일회용 접시, 물감, 도화지, 강화제

방법 ❶

- 교사가 일회용 접시에 다양한 색상의 물감을 짜서 제시한다.
- 교사가 접시에 담긴 물감을 다양한 도형블록에 묻혀 도화지에 마음대로 찍는 시범을 보인다.
- 영아에게 교사를 모방하여 접시에 담긴 물감을 다양한 도형블록에 묻혀 도화지에 마음대로 찍어 보라고 한다.
- 수행되면 영아 스스로 접시에 담긴 물감을 다양한 도형블록에 묻혀 도화지에 마음대로 찍어 보라고 한다.
- 수행되면 영아의 특성에 맞는 적절한 강화제를 제공한다.

방법 ❷

- 교사가 일회용 접시에 다양한 색상의 물감을 짜서 제시한다.
- 교사가 예를 들어 접시에 담긴 물감을 동그라미 블록에 묻히는 시범을 보인다.
- 영아에게 교사를 모방하여 접시에 담긴 물감을 동그라미 블록에 묻혀 보라고 한다.
- 묻히지 못하면 교사가 영아의 손을 잡고 접시에 담긴 물감을 동그라미 블록에 묻혀 준다.
- 교사가 동그라미 도형을 쥔 영아의 손을 접시에 담긴 물감에 대 준 후 영아에게 묻혀 보라고 한다.
- 묻히지 못하면 교사가 영아의 손을 잡고 접시에 담긴 물감을 동그라미 블록에 묻

히는 동작을 반복해 준다.

- 교사가 접시에 담긴 물감을 가리키며 영아에게 동그라미 블록에 묻혀 보라고 한다.
- 도움을 점차 줄여 간다.
- 수행되면 영아 스스로 접시에 담긴 물감을 동그라미 블록에 묻혀 보라고 한다.
- 수행되면 교사가 물감이 묻힌 동그라미 블록으로 도화지에 마음대로 찍는 시범을 보인다.
- 영아에게 교사를 모방하여 물감이 묻힌 동그라미 블록으로 도화지에 마음대로 찍어 보라고 한다.
- 찍지 못하면 교사가 영아의 손을 잡고 물감이 묻힌 동그라미 블록으로 도화지에 마음대로 찍어 준다.
- 교사가 동그라미 블록을 쥔 영아의 손을 도화지에 대 준 후 영아에게 찍어 보라고 한다.
- 찍지 못하면 교사가 영아의 손을 잡고 물감이 묻힌 동그라미 블록으로 도화지에 마음대로 찍는 동작을 반복해 준다.
- 교사가 도화지를 가리키며 영아에게 물감이 묻힌 동그라미 블록으로 마음대로 찍어 보라고 한다.
- 도움을 점차 줄여 간다.
- 수행되면 영아 스스로 물감이 묻힌 동그라미 블록으로 도화지에 마음대로 찍어 보라고 한다.
- 수행되면 영아 스스로 접시에 담긴 물감을 동그라미 블록에 묻혀 도화지에 마음대로 찍어 보라고 한다.
- 수행되면 교사가 예를 들어 물감이 묻힌 세모 블록으로 도화지에 마음대로 찍는 시범을 보인다.
- 영아에게 교사를 모방하여 물감이 묻힌 세모 블록으로 도화지에 마음대로 찍어 보라고 한다.

- 찍지 못하면 동그라미 블록으로 찍는 것을 지도한 것과 같은 방법으로 지도한다.
- 수행되면 영아 스스로 접시에 담긴 물감을 세모 블록에 묻혀 도화지에 마음대로 찍어 보라고 한다.
- 수행되면 다른 다양한 모양의 블록으로 찍는 것도 동그라미 블록으로 찍는 것을 지도한 것과 같은 방법으로 지도한다.
- 수행되면 영아의 특성에 맞는 적절한 강화제를 제공한다.

일회용 접시에 다양한 색상의 물감 제시

네모 블록으로 찍기

세모 블록으로 찍기

오각형 블록으로 찍기

별 모양 블록으로 찍기

완성된 모양의 예

* 사진 출처: 렁 트리오 재구성

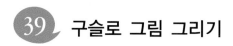

39 구슬로 그림 그리기

목표 | 구슬로 그림을 그릴 수 있다.

자료 | 구슬, 다양한 색상의 물감, 도화지, 트레이, 스포이트(물약병), 강화제

방법 ❶

- 교사가 스포이트(물약병)에 다양한 색상의 물감을 미리 넣어 놓는다.
- 교사가 트레이에 도화지를 깐 후 트레이 사이드에 구슬을 놓아 제시한다.
- 교사가 스포이트에 담긴 다양한 색상의 물감을 도화지 위에 짜서 트레이를 마음 대로 흔들어 구슬로 그림을 그리는 시범을 보인다.
- 영아에게 교사를 모방하여 스포이트에 담긴 다양한 색상의 물감을 도화지 위에 짜서 트레이를 마음대로 흔들어 구슬로 그림을 그려 보라고 한다.
- 수행되면 영아 스스로 스포이트에 담긴 다양한 색상의 물감을 도화지 위에 짜서 트레이를 마음대로 흔들어 구슬로 그림을 그려 보라고 한다.
- 수행되면 영아의 특성에 맞는 적절한 강화제를 제공한다.

방법 ❷

- 교사가 스포이트(물약병)에 다양한 색상의 물감을 미리 넣어 놓는다.
- 교사가 트레이에 도화지를 깐 후 트레이 사이드에 구슬을 놓아 제시한다.
- 교사가 스포이트에 담긴 다양한 색상의 물감을 도화지 위에 짜는 시범을 보인다.
- 영아에게 교사를 모방하여 스포이트에 담긴 다양한 색상의 물감을 도화지 위에 짜 보라고 한다.
- 짜지 못하면 교사가 영아의 손을 잡고 스포이트에 담긴 다양한 색상의 물감을 도 화지 위에 짜 준다.
- 교사가 영아의 손을 잡고 스포이트에 담긴 다양한 색상의 물감을 도화지 위에 짜 주다가 영아에게 짜 보라고 한다.

- 짜지 못하면 교사가 영아의 손을 잡고 스포이트에 담긴 다양한 색상의 물감을 도화지 위에 짜 주는 동작을 반복해 준다.
- 수행되면 영아 스스로 스포이트에 담긴 다양한 색상의 물감을 도화지 위에 짜 보라고 한다.
- 수행되면 교사가 스포이트에 담긴 다양한 색상의 물감을 도화지 위에 짜서 트레이를 마음대로 흔들어 구슬로 그림을 그리는 시범을 보인다.
- 영아에게 교사를 모방하여 스포이트에 담긴 다양한 색상의 물감을 도화지 위에 짜서 트레이를 마음대로 흔들어 구슬로 그림을 그려 보라고 한다.
- 흔들지 못하면 교사가 영아의 손을 잡고 트레이를 마음대로 흔들어 구슬로 그림을 그릴 수 있도록 도와준다.
- 교사가 영아의 손을 잡고 트레이를 마음대로 흔들어 구슬로 그림을 그릴 수 있도록 도와 주다가 영아에게 트레이를 마음대로 흔들어 보라고 한다.
- 흔들지 못하면 교사가 영아의 손을 잡고 트레이를 마음대로 흔들어 구슬로 그림을 그릴 수 있도록 트레이를 흔드는 동작을 반복해 준다.
- 수행되면 교사가 트레이에 영아의 손을 대 준 후 영아에게 트레이를 마음대로 흔들어 구슬로 그림을 그려 보라고 한다.
- 도움을 점차 줄여 간다.
- 수행되면 영아 스스로 스포이트에 담긴 다양한 색상의 물감을 도화지 위에 짜서 트레이를 마음대로 흔들어 구슬로 그림을 그려 보라고 한다.
- 수행되면 영아의 특성에 맞는 적절한 강화제를 제공한다.

☞ 트레이에 깔린 도화지에 구슬을 올려놓고 물감을 짜서 트레이를 움직여 구슬 그림을 그리게 지도해도 무방하다.

☞ 물감 대신 반짝이 풀을 이용해서 구슬로 그림을 그린 후 교사가 영아의 이름이나 영아가 좋아하는 모양을 오려서 붙여 주는 놀이로 확장할 수 있다.

트레이에 구슬 제시하기

교사가 트레이에 놓아 준 도화지에
보라색 물감 짜기

도화지에 노란색 물감 짜기

트레이를 마음대로 흔들어 구슬 그림 그리기

트레이를 마음대로 흔들어 구슬 그림 그리기

완성된 그림

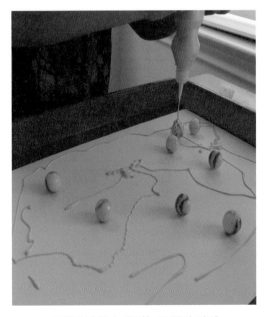

도화지에 구슬 올려놓고 물감 짜기

완성된 그림

* 사진 출처: 렁 트리오 재구성

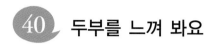

40 두부를 느껴 봐요

목표 | 두부 놀이를 할 수 있다.
자료 | 두부, 일회용 접시, 강화제

방법 ❶

- 교사가 일회용 접시에 두부를 올려 제시한다.
- 교사가 손으로 두부를 만져 으깨다가 두부를 꼭 짜는 시범을 보인다.
- 영아에게 교사를 모방하여 손으로 두부를 만져 으깨다가 두부를 꼭 짜 보라고 한다.
- 수행되면 영아 스스로 손으로 두부를 만져 으깨다가 두부를 꼭 짜 보라고 한다.
- 수행되면 영아의 특성에 맞는 적절한 강화제를 제공한다.

방법 ❷

- 교사가 일회용 접시에 두부를 올려 제시한다.
- 교사가 손으로 두부를 만져 으깨는 시범을 보인다.
- 영아에게 교사를 모방하여 두부를 만져 으깨어 보라고 한다.
- 으깨지 못하면 교사가 영아의 손을 잡고 두부를 으깨어 준다.
- 교사가 영아의 손을 잡고 두부를 으깨어 주다가 영아에게 으깨어 보라고 한다.
- 으깨지 못하면 교사가 영아의 손을 잡고 두부를 으깨는 동작을 반복해 준다.
- 수행되면 영아 스스로 두부를 만져 으깨어 보라고 한다.
- 수행되면 교사가 손으로 두부를 만져 으깨다가 두부를 꼭 짜는 시범을 보인다.
- 영아에게 교사를 모방하여 손으로 두부를 만져 으깨다가 두부를 꼭 짜 보라고 한다.
- 짜지 못하면 교사가 영아에게 두부를 으깨라고 한 후 영아의 손을 잡고 두부를 짜

준다.

- 교사가 영아에게 두부를 으깨라고 한 후 영아의 손을 잡고 두부를 짜 주다가 스스로 짜 보라고 한다.
- 짜지 못하면 교사가 영아에게 두부를 으깨라고 한 후 영아의 손을 잡고 두부를 짜는 동작을 반복해 준다.
- 도움을 점차 줄여 간다.
- 수행되면 영아 스스로 손으로 두부를 만져 으깨다가 두부를 꼭 짜 보라고 한다.
- 수행되면 영아의 특성에 맞는 적절한 강화제를 제공한다.

☞ 두부를 만져 보거나 꼭 쥐고 으깨는 과정에서 소근육 발달을 도울 수 있다.

☞ 두부를 만지면 물컹한 촉감을 느낄 수 있어 촉각 지도에 도움이 될 뿐 아니라 고소한 냄새를 맡음으로써 후각을 발달시킬 수 있다.

☞ 두부를 꼭 쥐고 으깨기 위해 손에 힘을 주는 과정에서 스트레스도 풀 수 있는 좋은 놀이이다.

2~3
세

일회용 접시에 두부 올려 제시

교사가 손으로 두부를 만져 으깨는 시범

영아에게 두부를 으깨어 보라고 하기

교사가 영아의 손을 잡고 두부 으깨어 주기

영아 스스로 두부를 만져 으깨기

교사가 손으로 두부를 짜는 시범 보이기

교사가 영아의 손을 잡고 두부 짜 주기

영아 스스로 두부 꼭 짜기

풍선으로 물감 찍기

목표 | 풍선에 다양한 색상의 물감을 묻혀 도화지에 마음대로 찍을 수 있다.
자료 | 다양한 색상의 물감, 일회용 접시, 풍선, 도화지, 강화제

방법 ❶

• 교사가 일회용 접시에 다양한 색상의 물감을 짜서 제시한다.

• 교사가 접시에 담긴 물감을 풍선에 묻혀 도화지에 마음대로 찍는 시범을 보인다.

• 영아에게 교사를 모방하여 접시에 담긴 물감을 풍선에 묻혀 도화지에 마음대로 찍어 보라고 한다.

• 수행되면 영아 스스로 접시에 담긴 물감을 풍선에 묻혀 도화지에 마음대로 찍어 보라고 한다.

• 수행되면 영아의 특성에 맞는 적절한 강화제를 제공한다.

방법 ❷

• 교사가 일회용 접시에 다양한 색상의 물감을 짜서 제시한다.

• 교사가 접시에 담긴 물감을 풍선에 묻히는 시범을 보인다.

• 영아에게 교사를 모방하여 접시에 담긴 물감을 풍선에 묻혀 보라고 한다.

• 묻히지 못하면 교사가 영아의 손을 잡고 접시에 담긴 물감을 풍선에 묻혀 준다.

• 교사가 풍선을 쥔 영아의 손을 접시에 담긴 물감에 대 준 후 영아에게 묻혀 보라고 한다.

• 묻히지 못하면 교사가 영아의 손을 잡고 접시에 담긴 물감을 풍선에 묻히는 동작을 반복해 준다.

• 교사가 접시에 담긴 물감을 가리키며 영아에게 풍선에 묻혀 보라고 한다.

• 도움을 점차 줄여 간다.

- 수행되면 영아 스스로 접시에 담긴 물감을 풍선에 묻혀 보라고 한다.
- 수행되면 교사가 물감이 묻힌 풍선으로 도화지에 마음대로 찍는 시범을 보인다.
- 영아에게 교사를 모방하여 물감이 묻힌 풍선으로 도화지에 마음대로 찍어 보라고 한다.
- 찍지 못하면 교사가 영아의 손을 잡고 물감이 묻힌 풍선으로 도화지에 마음대로 찍어 준다.
- 교사가 풍선을 쥔 영아의 손을 도화지에 대 준 후 영아에게 찍어 보라고 한다.
- 찍지 못하면 교사가 영아의 손을 잡고 물감이 묻힌 풍선으로 도화지에 마음대로 찍는 동작을 반복해 준다.
- 교사가 도화지를 가리키며 영아에게 물감이 묻힌 풍선으로 마음대로 찍어 보라고 한다.
- 도움을 점차 줄여 간다.
- 수행되면 영아 스스로 물감이 묻힌 풍선으로 도화지에 마음대로 찍어 보라고 한다.
- 수행되면 영아 스스로 접시에 담긴 다양한 색상의 물감을 풍선에 묻혀 도화지에 마음대로 찍어 보라고 한다.
- 수행되면 영아의 특성에 맞는 적절한 강화제를 제공한다.

☞ 풍선을 작게 불어 주는 것이 좋다. 너무 크게 불어 주면 영아가 쥐기도 힘들고 물감을 찍는 것도 불편하다.

☞ 물감 묻힌 풍선을 꾹꾹 누르면 끈적이는 소리가 난다. 이 소리를 듣는 것도 영아들에게 자극이 될 뿐만 아니라 무척 재미있어한다.

☞ 다양한 색상의 물감 중 영아가 좋아하는 색상을 풍선에 묻혀 찍도록 하면 된다.

풍선에 물감을 묻혀 도화지에 찍기

풍선에 물감을 묻혀 도화지에 찍기

풍선에 물감을 묻혀 도화지에 찍기

풍선에 물감을 묻혀 도화지에 찍기

풍선에 물감을 묻혀 도화지에 찍기

풍선에 물감을 묻혀 도화지에 찍기

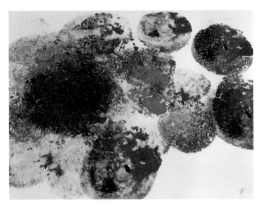

완성된 그림의 예

풍선에 물감 묻히기

물감을 묻힌 풍선으로 도화지에 찍기

완성된 그림의 예

* 사진 출처: 렁 트리오 재구성

2~3
세

다른 영아 옆에서 놀기　　　　　　　2~3세

목표 | 다른 영아 옆에서 놀 수 있다.
자료 | 다양한 장난감, 강화제

방법 ❶

- 교사가 장난감을 가지고 다른 영아 옆에서 노는 시범을 보인다.
- 영아에게 교사를 모방하여 장난감을 가지고 다른 영아 옆에서 놀게 한다.
- 수행되면 영아 스스로 장난감을 가지고 다른 영아 옆에서 놀게 한다.
- 수행되면 영아의 특성에 맞는 적절한 강화제를 제공한다.

방법 ❷

- 교사가 예를 들어 장난감 자동차를 가지고 바퀴를 굴리면서 다른 영아 옆에서 노는 시범을 보인다.
- 영아에게 교사를 모방하여 장난감 자동차를 가지고 바퀴를 굴리면서 다른 영아 옆에서 놀게 한다.
- 모방하지 못하면 교사가 영아의 손을 잡고 장난감 자동차를 가지고 바퀴를 굴리면서 다른 영아의 얼굴을 쳐다보며 놀게 해 준다.
- 영아가 장난감 자동차를 가지고 바퀴를 굴리면서 다른 영아를 쳐다보지 못하면 교사가 손으로 영아의 얼굴을 살짝 돌려 다른 영아를 쳐다보며 놀게 해 준다.
- 쳐다보지 못하면 교사가 영아의 손을 잡고 장난감 자동차를 가지고 바퀴를 굴리면서 다른 영아의 얼굴을 쳐다보는 동작을 반복해 준다.
- 수행되면 교사가 영아의 손을 잡고 장난감 자동차를 가지고 바퀴를 굴려 주면서 영아 스스로 다른 영아를 쳐다보며 놀게 한다.
- 도움을 점차 줄여 간다.

- 수행되면 영아 스스로 장난감 자동차를 가지고 바퀴를 굴리면서 다른 영아의 얼굴을 쳐다보며 놀게 한다.
- 수행되면 영아의 특성에 맞는 적절한 강화제를 제공한다.

☞ 다른 영아 옆에서 놀기는 함께 놀이를 하는 것을 의미하는 것이 아니라 옆에서 각자 노는 것을 의미한다.

 43 까꿍 놀이 하기　　　　2~3세

목표 | 까꿍 놀이를 할 수 있다.
자료 | 보자기(수건, 담요), 강화제

방법 ❶
- 교사가 "나~처럼 해 봐요 ♬ 이~렇게"라고 노래를 부르며 얼굴을 손바닥이나 수건 등으로 가렸다가 '까꿍' 하며 얼굴을 다시 보여 주는 시범을 보인다.
- 영아에게 교사를 모방하여 얼굴을 손바닥이나 수건 등으로 가렸다가 '까꿍' 하며 얼굴을 다시 보여 주게 한다.
- 수행되면 영아 스스로 얼굴을 손바닥이나 수건 등으로 가렸다가 '까꿍' 하며 얼굴을 다시 보여 주게 한다.
- 수행되면 교사와 영아가 번갈아 가며 '까꿍' 놀이를 한다.
- 수행되면 영아의 특성에 맞는 적절한 강화제를 제공한다.

방법 ❷
- 교사가 "나~처럼 해 봐요 ♬ 이~렇게"라고 노래를 부르며 예를 들어 얼굴을 손바닥으로 가렸다가 '까꿍' 하며 얼굴을 다시 보여 주는 시범을 보인다.

2~3
세

- 영아에게 교사를 모방하여 얼굴을 손바닥으로 가렸다가 '까꿍' 하며 얼굴을 다시 보여 주게 한다.
- 모방하지 못하면 교사가 영아의 손을 잡고 영아의 얼굴을 가려 준 후 '까꿍' 하며 얼굴을 다시 보여 준다.
- 교사가 영아의 손을 영아 얼굴 가까이 대 준 후 영아에게 얼굴을 손바닥으로 가렸다가 '까꿍' 하며 얼굴을 다시 보여 주게 한다.
- 하지 못하면 교사가 영아의 손을 잡고 영아의 얼굴을 가려 준 후 '까꿍' 하며 얼굴을 다시 보여 주는 동작을 반복해 준다.
- 교사가 영아의 얼굴을 가리키며 영아에게 손으로 얼굴을 가렸다가 '까꿍' 하며 얼굴을 다시 보여 주게 한다.
- 도움을 점차 줄여 간다.
- 수행되면 교사가 '까꿍'을 한 번 한 후 영아도 '까꿍'을 하게 한다.
- 수행되면 교사와 영아가 번갈아 가며 '까꿍' 놀이를 한다.
- 수행되면 영아의 특성에 맞는 적절한 강화제를 제공한다.

☞ 일반적으로 생후 12개월 전후로 대상영속성의 개념, 즉 눈앞에 있던 물건이 없어져도 영원히 사라지는 것이 아니라 존재한다는 개념이 형성되므로 까꿍 놀이를 하면 사회성과 더불어 기억력과 집중력 발달에 도움이 된다.

☞ 영아의 얼굴 위에 손수건이나 수건을 덮었다가 '까꿍' 하면서 손수건이나 수건을 들어 올리는 방법으로 지도해도 무방하다.

☞ 이불이나 보자기 혹은 수건 밑에 영아가 좋아하는 장난감을 숨겼다가 '까꿍' 하며 보여 주는 놀이를 해도 된다. 처음에는 한 부분을 살짝 보이도록 숨겼다가, 수행되면 완전히 숨긴 뒤 보여 주는 방법으로 지도하면 된다.

44 스탬프 찍기 2~3세

목표 | 도화지에 마음대로 스탬프를 찍을 수 있다.

자료 | 다양한 색깔의 스탬프, 도화지(스케치북), 강화제

방법 ❶

- 교사가 도화지(스케치북)에 다양한 색깔의 스탬프를 마음대로 찍는 시범을 보인다.
- 영아에게 교사를 모방하여 도화지에 다양한 색깔의 스탬프를 마음대로 찍어 보라고 한다.
- 수행되면 영아 스스로 도화지에 다양한 색깔의 스탬프를 마음대로 찍어 보라고 한다.
- 수행되면 영아의 특성에 맞는 적절한 강화제를 제공한다.

방법 ❷

- 교사가 도화지(스케치북)에 예를 들어 파란색 스탬프를 마음대로 찍는 시범을 보인다.
- 영아에게 교사를 모방하여 도화지에 파란색 스탬프를 마음대로 찍어 보라고 한다.
- 찍지 못하면 교사가 영아의 손을 잡고 도화지에 파란색 스탬프를 마음대로 찍어 준다.
- 교사가 영아의 손에 파란색 스탬프를 쥐어 준 후 영아에게 도화지에 마음대로 찍어 보라고 한다.
- 찍지 못하면 교사가 영아의 손을 잡고 도화지에 파란색 스탬프를 마음대로 찍는 동작을 반복해 준다.
- 교사가 영아의 손을 도화지에 대 준 후 영아에게 파란색 스탬프를 마음대로 찍어

2~3세

121

보라고 한다.

• 도움을 점차 줄여 간다.

• 수행되면 영아 스스로 도화지에 파란색 스탬프를 마음대로 찍어 보라고 한다.

• 수행되면 교사가 도화지에 예를 들어 빨간색 스탬프를 마음대로 찍는 시범을 보인다.

• 영아에게 교사를 모방하여 도화지에 빨간색 스탬프를 마음대로 찍어 보라고 한다.

• 찍지 못하면 교사가 도화지에 파란색 스탬프를 마음대로 찍는 것을 지도한 것과 같은 방법으로 지도한다.

• 수행되면 영아 스스로 도화지에 빨간색 스탬프를 마음대로 찍어 보라고 한다.

• 수행되면 다른 다양한 색깔의 스탬프를 도화지에 마음대로 찍는 것도 같은 방법으로 지도한다.

• 수행되면 영아의 특성에 맞는 적절한 강화제를 제공한다.

☞ 스탬프는 문구점에서 쉽게 구입할 수 있다.

교사가 영아의 손 잡고 스탬프 찍어 주기

파란색 스탬프 찍기

빨간색 스탬프 찍기

빨간색 스탬프 찍기

* 사진 출처: 령 트리오 재구성

45 끌차 끌기

목표 │ 끌차를 끌 수 있다.

자료 │ 끌차, 강화제

방법 ❶

- 교사가 끌차의 끈을 잡고 끌차를 끄는 시범을 보인다.
- 영아에게 교사를 모방하여 끌차의 끈을 잡고 끌어 보라고 한다.
- 수행되면 영아 스스로 끌차의 끈을 잡고 끌어 보라고 한다.
- 수행되면 영아의 특성에 맞는 적절한 강화제를 제공한다.

방법 ❷

- 교사가 끌차의 끈을 잡는 시범을 보인다.
- 영아에게 교사를 모방하여 끌차의 끈을 잡아 보라고 한다.
- 잡지 못하면 교사가 영아의 손을 잡고 끌차의 끈을 잡아 준다.
- 교사가 끌차의 끈에 영아의 손을 대 준 후 영아에게 끌차의 끈을 잡아 보라고 한다.
- 잡지 못하면 교사가 영아의 손을 잡고 끌차의 끈을 잡는 동작을 반복해 준다.
- 교사가 끌차의 끈을 가리키며 영아에게 잡아 보라고 한다.
- 수행되면 영아 스스로 끌차의 끈을 잡아 보라고 한다.
- 수행되면 교사가 끌차의 끈을 잡고 끌차를 끄는 시범을 보인다.
- 영아에게 교사를 모방하여 끌차의 끈을 잡고 끌차를 끌어 보라고 한다.
- 끌지 못하면 교사가 영아에게 끌차의 끈을 잡으라고 한 후 영아의 손을 잡고 끌차를 끌어 준다.
- 교사가 영아의 손을 잡고 끌차를 끌어 주다가 영아에게 끌어 보라고 한다.
- 끌지 못하면 교사가 영아에게 끌차의 끈을 잡으라고 한 후 영아의 손을 잡고 끌차

를 끄는 동작을 반복해 준다.

- 교사가 끌차를 가리키며 영아에게 끌차를 끌어 보라고 한다.

- 도움을 점차 줄여 간다.

- 수행되면 영아 스스로 끌차의 끈을 잡고 끌어 보라고 한다.

- 수행되면 영아의 특성에 맞는 적절한 강화제를 제공한다.

교사가 오리 끌차를 끄는 시범

영아가 교사를 모방하여 끌차 끌기

교사가 영아의 손을 잡고 끌차 끌기

영아 스스로 끌차 끌기

46 납작구슬 찾기

목표 | 폼페인트에 있는 구슬을 찾을 수 있다.
자료 | 다양한 색깔의 폼페인트 물감, 납작구슬, 트레이, 강화제

방법 ❶

- 교사가 트레이에 다양한 색깔의 폼페인트를 여러 곳에 펌핑해 준 후 폼페인트에 납작구슬을 넣어 놓는다.
- 교사가 여러 곳에 펌핑해 준 다양한 색깔의 폼페인트를 휘저어 납작구슬을 찾는 시범을 보인다.
- 영아에게 교사를 모방하여 다양한 색깔의 폼페인트를 휘저어 납작구슬을 찾아보라고 한다.
- 수행되면 영아 스스로 다양한 색깔의 폼페인트를 휘저어 납작구슬을 찾아보라고 한다.
- 수행되면 영아의 특성에 맞는 적절한 강화제를 제공한다.

방법 ❷

- 교사가 트레이에 다양한 색깔의 폼페인트를 여러 곳에 펌핑해 준 후 폼페인트에 납작구슬을 넣어 놓는다.
- 교사가 여러 곳에 펌핑해 준 다양한 색깔의 폼페인트를 휘저어 납작구슬을 찾는 시범을 보인다.
- 영아에게 교사를 모방하여 다양한 색깔의 폼페인트를 휘저어 납작구슬을 찾아보라고 한다.
- 찾지 못하면 교사가 영아의 손을 잡고 다양한 색깔의 폼페인트를 휘저어 납작구슬을 찾아 준다.

- 교사가 영아의 손을 폼페인트에 대 준 후 납작구슬을 찾아보라고 한다.
- 찾지 못하면 교사가 영아의 손을 잡고 다양한 색깔의 폼페인트를 휘저어 납작구슬을 찾는 동작을 반복해 준다.
- 교사가 폼페인트 속에 있는 납작구슬을 가리키며 영아에게 찾아보라고 한다.
- 도움을 점차 줄여 간다.
- 수행되면 영아 스스로 다양한 색깔의 폼페인트를 휘저어 납작구슬을 찾아보라고 한다.
- 수행되면 영아의 특성에 맞는 적절한 강화제를 제공한다.

폼페인트 준비

폼페인트 펌핑해 주기

구슬 제공

납작구슬 넣어 주기

납작구슬 찾기

납작구슬 찾기

납작구슬 찾기

찾은 납작구슬 보여 주기

* 사진 출처: 렁 트리오 재구성

47 장난감 가지고 혼자 놀기   `2~3세`

목표 | 장난감을 가지고 혼자 놀 수 있다.

자료 | 다양한 장난감, 강화제

방법 ❶

- 교사가 장난감을 가지고 혼자 노는 시범을 보인다.
- 영아에게 교사를 모방하여 장난감을 가지고 혼자 놀아 보라고 한다.
- 수행되면 영아 스스로 장난감을 가지고 혼자 놀아 보라고 한다.
- 수행되면 영아의 특성에 맞는 적절한 강화제를 제공한다.

방법 ❷

- 교사가 예를 들어 자동차를 가지고 앞, 뒤로 미는 시범을 보인다.
- 영아에게 교사를 모방하여 자동차를 가지고 앞, 뒤로 밀어 보라고 한다.
- 모방하지 못하면 교사가 영아의 손을 잡고 자동차를 앞, 뒤로 밀어 준다.
- 교사가 영아의 손을 자동차에 대 준 후 영아에게 자동차를 앞, 뒤로 밀어 보라고 한다.
- 밀지 못하면 교사가 영아의 손을 잡고 자동차를 앞, 뒤로 미는 동작을 반복해 준다.
- 도움을 점차 줄여 간다.
- 수행되면 영아 스스로 자동차를 가지고 앞, 뒤로 밀어 보라고 한다.
- 수행되면 다른 장난감을 가지고 혼자 노는 것도 자동차를 가지고 노는 것을 지도한 것과 같은 방법으로 지도한다.
- 수행되면 영아의 특성에 맞는 적절한 강화제를 제공한다.

48. 염색 소금에 낙서하기 2~3세

목표 | 다양한 색상의 염색 소금에 낙서를 할 수 있다.

자료 | 다양한 색상의 염색 소금, 트레이, 뚜껑, 나무젓가락, 강화제

방법 ❶

- 교사가 트레이에 다양한 색상의 염색 소금을 쏟아 고르게 퍼질 수 있도록 트레이를 살살 흔들어 영아에게 제시한다.
- 교사가 트레이에 담긴 염색 소금에 예를 들어 손이나 뚜껑, 나무젓가락으로 마구 낙서를 하는 시범을 보인다.
- 영아에게 교사를 모방하여 다양한 색상의 염색 소금에 손이나 뚜껑, 나무젓가락으로 마구 낙서를 해 보라고 한다.
- 수행되면 영아 스스로 다양한 색상의 염색 소금에 손이나 뚜껑, 나무젓가락으로 마구 낙서를 해 보라고 한다.
- 수행되면 영아의 특성에 맞는 적절한 강화제를 제공한다.

방법 ❷

- 교사가 트레이에 다양한 색상의 염색 소금을 쏟아 고르게 퍼질 수 있도록 트레이를 살살 흔들어 영아에게 제시한다.
- 교사가 트레이에 담긴 염색 소금에 예를 들어 손으로 마구 낙서를 하는 시범을 보인다.
- 영아에게 교사를 모방하여 다양한 색상의 염색 소금에 손으로 마구 낙서를 해 보라고 한다.
- 하지 못하면 교사가 영아의 손을 잡고 다양한 색상의 염색 소금에 손으로 마구 낙서를 하게 해 준다.

- 교사가 영아의 손을 잡고 다양한 색상의 염색 소금에 손으로 마구 낙서를 해 주다가 영아 스스로 낙서를 해 보라고 한다.
- 하지 못하면 교사가 영아의 손을 잡고 다양한 색상의 염색 소금에 손으로 마구 낙서를 하는 동작을 반복해 준다.
- 도움을 점차 줄여 간다.
- 수행되면 영아 스스로 다양한 색상의 염색 소금에 손으로 마구 낙서를 해 보라고 한다.
- 수행되면 교사가 트레이에 담긴 다양한 색상의 염색 소금에 예를 들어 붓이나 나무젓가락 등으로 마구 낙서를 하는 시범을 보인다.
- 영아에게 교사를 모방하여 트레이에 담긴 다양한 색상의 염색 소금에 예를 들어 붓이나 나무젓가락 등으로 마구 낙서를 해 보라고 한다.
- 하지 못하면 트레이에 담긴 다양한 색상의 염색 소금에 손으로 낙서를 하도록 지도한 것과 같은 방법으로 지도한다.
- 수행되면 영아의 특성에 맞는 적절한 강화제를 제공한다.

2~3
세

☞ 예를 들어 염색 소금에 손가락으로 낙서하기를 한 후 트레이를 흔들어 염색 소금을 고르게 펴 준 후 다시 지도해야 한다. 즉, 반복 지도 시나 다른 도구를 사용할 때마다 반드시 트레이를 흔들어 염색 소금을 고르게 펴 준 후 지도해야 한다.

통에 담긴 다양한 염색 소금

교사가 트레이에 담긴 염색 소금 살살살
흔들어 주기

교사가 염색 소금에 손가락으로
그림 그리기 시범

교사가 트레이 살살살 흔들어 주기

교사가 염색 소금에 뚜껑으로 그림 그리는 시범

교사가 염색 소금에 젓가락으로 그림 그리는 시범

교사가 트레이 살살살 흔들어 주기

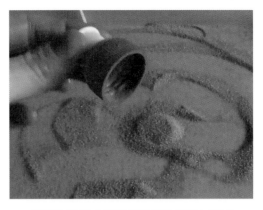

영아가 염색 소금에 뚜껑으로 그림 그리기

영아가 염색 소금에 젓가락으로 그림 그리기

교사가 트레이 살살살 흔들어 주기

영아가 염색 소금에 손바닥 찍기

염색 소금에 찍힌 손바닥 모양

2~3
세

* 사진 출처: 렁 트리오 재구성

49 에어 캡으로 물감 찍기 2~3세

목표 | 에어 캡으로 마구 찍기를 할 수 있다.

자료 | 에어 캡, 도화지(스케치북), 다양한 물감, 물, 접시, 고무줄, 강화제

방법 ❶

- 교사가 접시에 다양한 물감을 풀어 제시한다.
- 교사가 에어 캡을 말아 손에 잡기 쉽도록 고무줄로 묶어 제시한다.
- 교사가 에어 캡에 물감을 묻혀 도화지에 마구 찍는 시범을 보인다.
- 교사가 고무줄로 묶은 에어 캡을 영아의 손에 쥐어 준 후 교사를 모방하여 에어 캡에 물감을 묻혀 도화지에 마구 찍어 보라고 한다.
- 수행되면 영아 스스로 에어 캡에 물감을 묻혀 도화지에 마구 찍어 보라고 한다.
- 수행되면 영아의 특성에 맞는 적절한 강화제를 제공한다.

방법 ❷

- 교사가 접시에 다양한 물감을 풀어 제시한다.
- 교사가 에어 캡을 말아 손에 잡기 쉽도록 고무줄로 묶어 제시한다.
- 교사가 에어 캡에 물감을 묻히는 시범을 보인다.
- 교사가 고무줄로 묶은 에어 캡을 영아의 손에 쥐어 준 후 교사를 모방하여 에어 캡에 물감을 묻혀 보라고 한다.
- 묻히지 못하면 교사가 영아의 손을 잡고 에어 캡에 물감을 묻혀 준다.
- 교사가 영아의 손을 잡고 물감에 대 준 후 영아에게 묻혀 보라고 한다.
- 묻히지 못하면 교사가 영아의 손을 잡고 에어 캡에 물감을 묻히는 동작을 반복해 준다.
- 도움을 점차 줄여 간다.

- 수행되면 영아 스스로 에어 캡에 물감을 묻혀 보라고 한다.
- 수행되면 교사가 물감을 묻힌 에어 캡으로 도화지에 마구 찍는 시범을 보인다.
- 영아에게 교사를 모방하여 물감을 묻힌 에어 캡으로 도화지에 마구 찍어 보라고 한다.
- 찍지 못하면 교사가 영아에게 에어 캡에 물감을 묻히라고 한 후 물감을 묻힌 에어 캡을 쥔 영아의 손을 잡고 도화지에 마구 찍어 준다.
- 교사가 영아의 손을 잡고 물감을 묻힌 에어 캡으로 도화지에 마구 찍어 주다가 영아에게 찍어 보라고 한다.
- 찍지 못하면 교사가 영아의 손을 잡고 물감을 묻힌 에어 캡으로 도화지에 마구 찍는 동작을 반복해 준다.
- 도움을 점차 줄여 간다.
- 수행되면 영아 스스로 물감을 묻힌 에어 캡으로 도화지에 마구 찍어 보라고 한다.
- 수행되면 영아의 특성에 맞는 적절한 강화제를 제공한다.

☞ 에어 캡은 우리가 흔히 버블 랩 혹은 뽁뽁이라고 부르는 것을 말한다.

☞ 영아의 상태에 따라 고무줄로 묶은 에어 캡을 영아 스스로 쥘 수 있도록 지도해도 무방하다.

2~3
세

에어 캡, 도화지, 다양한 물감, 물, 접시

교사가 접시에 다양한 물감을 풀어 놓기

교사가 에어 캡에 물감 묻히는 시범

영아가 에어 캡에 물감 묻히기

교사가 영아의 손을 잡고 에어 캡에
물감 묻혀 주기

교사가 물감을 묻힌 에어 캡으로
도화지에 마구 찍는 시범

136

교사가 물감을 묻힌 에어 캡을 잡고 있는
영아의 손을 잡고 도화지에 마구 찍기

영아 스스로 물감을 묻힌 에어 캡으로
도화지에 마구 찍기

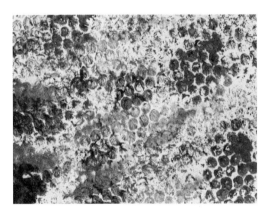

완성된 모양의 예

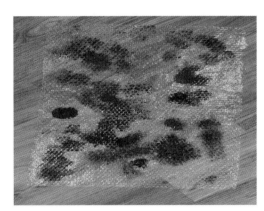

완성된 모양의 예

50 신기한 전분 놀이

목표 | 전분 놀이를 할 수 있다.

자료 | 전분, 접시, 물, 채반, 강화제

방법 ❶

- 교사가 접시에 전분과 물을 넣어 반죽을 한 후 영아에게 제시한다.
- 교사가 접시에 담긴 전분 반죽을 손으로 떠서 담아 올린다.
- 교사가 손으로 전분을 뭉친 후(전분은 뭉치면 단단해짐) 손을 펴서 가만히 두면 흘러내리는 시범을 보인다.
- 교사가 영아의 손에 전분을 올려 준 후 교사를 모방하여 손으로 전분을 뭉친 다음 손을 펴서 가만히 두어 흘러내리게 해 보라고 한다.
- 수행되면 교사가 영아의 손에 전분을 올려 준 후 영아 스스로 손으로 전분을 뭉친 다음 손을 펴서 가만히 두어 흘러내리게 해 보라고 한다.
- 수행되면 영아의 특성에 맞는 적절한 강화제를 제공한다.

방법 ❷

- 교사가 접시에 전분과 물을 넣어 반죽을 한 후 영아에게 제시한다.
- 교사가 접시에 담긴 전분 반죽을 손으로 떠서 담아 올린다.
- 교사가 손으로 전분을 뭉치면 단단해지는 시범을 보인다.
- 교사가 영아의 손에 전분을 올려 준 후 교사를 모방하여 전분을 뭉쳐 보라고 한다.
- 뭉치지 못하면 교사가 영아의 손을 잡고 전분을 뭉쳐 준다.
- 교사가 영아의 손을 잡고 전분을 뭉쳐 주다가 영아에게 전분을 뭉쳐 보라고 한다.
- 뭉치지 못하면 교사가 영아의 손을 잡고 전분을 뭉치는 동작을 반복해 준다.
- 도움을 점차 줄여 간다.

- 수행되면 교사가 영아의 손에 전분을 올려 준 후 영아 스스로 전분을 뭉쳐 보라고 한다.
- 수행되면 교사가 손을 펴서 뭉쳐진 전분을 가만히 두면 전분이 흘러내리는 시범을 보인다.
- 영아에게 교사를 모방하여 손을 펴서 뭉쳐진 전분을 가만히 두어 전분이 흘러내리게 해 보라고 한다.
- 하지 못하면 교사가 영아의 손을 펴 준 후 뭉쳐진 전분을 가만히 두어 흘러내리게 해 준다.
- 하지 못하면 교사가 영아의 손을 펴 준 후 뭉쳐진 전분을 가만히 두어 흘러내리게 하는 동작을 반복해 준다.
- 도움을 점차 줄여 간다.
- 수행되면 영아 스스로 손을 펴서 뭉쳐진 전분을 가만히 두어 전분이 흘러내리게 해 보라고 한다.
- 수행되면 영아의 특성에 맞는 적절한 강화제를 제공한다.

☞ 전분 놀이가 수행되면 채반에 전분을 부어 비처럼 쏟아지게 하는 놀이와 흘러내리는 전분을 손으로 느낄 수 있도록 놀이를 확장시켜 줄 수 있다.

2~3
세

그릇에 전분을 물과 섞어 반죽 후 제시하기

전분을 손으로 떠서 담아 올리기

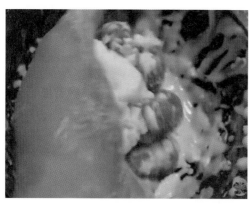

손으로 전분 뭉치기

손을 펴서 가만히 두면 흘러내리는 전분

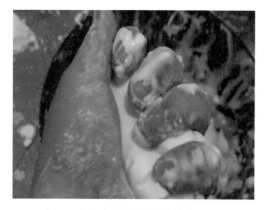

다시 손으로 전분 뭉치기

뭉쳐진 전분 모양

가만히 두면 흘러내리는 전분

채반에 전분을 부으면 비처럼 쏟아짐

영아와 함께 채반을 잡고 전분 흘러내리기

영아가 흘러내리는 전분을 손으로 느끼기

* 사진 출처: 령 트리오 재구성

베이킹 소다 놀이 1　　　　　　　　2~3세

목표 ｜ 베이킹 소다를 이용한 놀이를 할 수 있다.
자료 ｜ 베이킹 소다, 큰 그릇, 다양한 색상의 물감, 식초, 여러 개의 스포이트, 강화제

방법 ❶

- 교사가 큰 그릇에 베이킹 소다를 담아 영아에게 제시한다.
- 교사가 다양한 색상의 물감이 담긴 스포이트와 식초가 담긴 스포이트를 영아에게 제시한다.
- 교사가 큰 그릇에 담긴 베이킹 소다에 스포이트로 물감을 뿌리는 시범을 보인다.
- 영아에게 교사를 모방하여 베이킹 소다에 스포이트로 물감을 뿌려 보라고 한다.
- 수행되면 영아 스스로 베이킹 소다에 스포이트로 물감을 뿌려 보라고 한다.
- 수행되면 교사가 베이킹 소다에 스포이트로 식초를 뿌려 거품을 일으키는 시범을 보인다.
- 영아에게 교사를 모방하여 베이킹 소다에 스포이트로 식초를 뿌려 거품을 일으켜 보라고 한다.
- 수행되면 영아 스스로 베이킹 소다에 스포이트로 식초를 뿌려 거품을 일으켜 보라고 한다.
- 수행되면 영아의 특성에 맞는 적절한 강화제를 제공한다.

방법 ❷

- 교사가 큰 그릇에 베이킹 소다를 담아 영아에게 제시한다.
- 교사가 다양한 색상의 물감이 담긴 스포이트와 식초가 담긴 스포이트를 영아에게 제시한다.
- 교사가 큰 그릇에 담긴 베이킹 소다에 스포이트로 물감을 뿌리는 시범을 보인다.

- 영아에게 교사를 모방하여 베이킹 소다에 스포이트로 물감을 뿌려 보라고 한다.
- 뿌리지 못하면 교사가 영아의 손을 잡고 베이킹 소다에 스포이트로 물감을 뿌려 준다.
- 교사가 영아의 손을 잡고 베이킹 소다에 스포이트로 물감을 뿌려 주다가 영아에게 뿌려 보라고 한다.
- 뿌리지 못하면 교사가 영아의 손을 잡고 베이킹 소다에 스포이트로 물감을 뿌리는 동작을 반복해 준다.
- 도움을 점차 줄여 간다.
- 수행되면 영아 스스로 베이킹 소다에 스포이트로 물감을 뿌려 보라고 한다.
- 수행되면 교사가 베이킹 소다에 스포이트로 식초를 뿌려 거품을 일으키는 시범을 보인다.
- 영아에게 교사를 모방하여 베이킹 소다에 스포이트로 식초를 뿌려 거품을 일으켜 보라고 한다.
- 뿌리지 못하면 베이킹 소다에 스포이트로 물감을 뿌린 것과 같은 방법으로 지도한다.
- 수행되면 영아 스스로 베이킹 소다에 스포이트로 식초를 뿌려 거품을 일으켜 보라고 한다.
- 수행되면 영아의 특성에 맞는 적절한 강화제를 제공한다.

☞ 베이킹 소다에 식초를 뿌리면 거품이 생기기 때문에 영아가 매우 흥미롭고 재미있게 놀이를 즐길 수 있다.

2~3
세

베이킹 소다, 큰 그릇, 식초, 다양한 색상의 물감

큰 그릇에 베이킹 소다 담기

베이킹 소다에 물감 뿌리기

베이킹 소다에 식초 뿌려 거품 일으키기

* 사진 출처: 렁 트리오 재구성

목표 | 색 얼음으로 마음대로 낙서를 할 수 있다.
자료 | 다양한 색상의 식용 색소, 도화지(스케치북), 얼음 몰드, 나무 스틱, 강화제

방법 ❶

- 교사가 얼음 몰드에 식용 색소와 물을 넣고 나무 스틱을 꽂아 냉동실에서 얼린 후 색 얼음과 도화지(스케치북)를 제시한다.
- 교사가 색 얼음으로 도화지에 마음대로 낙서를 하는 시범을 보인다.
- 영아에게 교사를 모방하여 색 얼음으로 도화지에 마음대로 낙서를 해 보라고 한다.
- 수행되면 영아 스스로 색 얼음으로 도화지에 마음대로 낙서를 해 보라고 한다.
- 수행되면 유아의 특성에 맞는 적절한 강화제를 제공한다.

방법 ❷

- 교사가 얼음 몰드에 식용 색소와 물을 넣고 나무 스틱을 꽂아 냉동실에서 얼린 후 색 얼음과 도화지(스케치북)를 제시한다.
- 교사가 색 얼음으로 도화지에 마음대로 낙서를 하는 시범을 보인다.
- 영아에게 교사를 모방하여 색 얼음으로 도화지에 마음대로 낙서를 해 보라고 한다.
- 하지 못하면 교사가 영아의 손을 잡고 색 얼음으로 도화지에 마음대로 낙서를 해 준다.
- 교사가 영아의 손에 색 얼음을 쥐어 준 후 영아에게 도화지에 마음대로 낙서를 해 보라고 한다.
- 하지 못하면 교사가 영아의 손을 잡고 색 얼음으로 도화지에 마음대로 낙서를 하는 동작을 반복해 준다.

2~3
세

145

- 교사가 색 얼음을 쥔 영아의 손을 도화지에 대 준 후 영아에게 마음대로 낙서를 해 보라고 한다.
- 도움을 점차 줄여 간다.
- 수행되면 영아 스스로 색 얼음으로 도화지에 마음대로 낙서를 해 보라고 한다.
- 수행되면 영아의 특성에 맞는 적절한 강화제를 제공한다.

☞ 식용 색소 대신 물감을 사용해도 무방하나 연령이 어릴수록 입에 넣을 수 있으므로 가능하면 식용 색소를 사용하도록 한다.

얼음 몰드에 식용 색소 + 물 넣고 나무 스틱 꽂기

냉동실에서 얼리기

얼린 색 얼음

색 얼음 제시

색 얼음으로 마음대로 낙서하기

색 얼음으로 마음대로 낙서하기

완성된 낙서의 예

완성된 낙서의 예

* 사진 출처: 령 트리오 재구성

53 몸에 큰 스티커 붙이기   2~3세

목표 | 몸에 큰 스티커를 붙일 수 있다.
자료 | 다양한 색깔의 큰 스티커, 강화제

방법 ❶

- 교사가 다양한 색깔의 큰 스티커를 떼서 몸에 붙이는 시범을 보인다.
- 영아에게 교사를 모방하여 다양한 색깔의 큰 스티커를 떼서 몸에 붙여 보라고 한다.
- 수행되면 영아 스스로 다양한 색깔의 큰 스티커를 떼서 몸에 붙여 보라고 한다.
- 수행되면 영아의 특성에 맞는 적절한 강화제를 제공한다.

방법 ❷

- 교사가 다양한 색깔의 큰 스티커를 떼는 시범을 보인다.
- 영아에게 교사를 모방하여 다양한 색깔의 큰 스티커를 떼어 보라고 한다.
- 떼지 못하면 교사가 영아의 손을 잡고 다양한 색깔의 큰 스티커를 떼 준다.
- 교사가 영아의 손을 큰 스티커에 대 준 후 영아에게 떼어 보라고 한다.
- 떼지 못하면 교사가 영아의 손을 잡고 다양한 색깔의 큰 스티커를 떼는 동작을 반복해 준다.
- 교사가 다양한 색깔의 큰 스티커를 가리키며 영아에게 떼어 보라고 한다.
- 수행되면 영아 스스로 다양한 색깔의 큰 스티커를 떼어 보라고 한다.
- 수행되면 교사가 다양한 색깔의 큰 스티커를 떼서 몸에 붙이는 시범을 보인다.
- 영아에게 교사를 모방하여 다양한 색깔의 큰 스티커를 떼서 몸에 붙여 보라고 한다.
- 붙이지 못하면 교사가 큰 스티커를 뗀 영아의 손을 잡고 몸에 붙여 준다.
- 교사가 큰 스티커를 잡은 영아의 손을 몸에 대 준 후 영아에게 붙여 보라고 한다.
- 붙이지 못하면 교사가 큰 스티커를 뗀 영아의 손을 잡고 몸에 붙이는 동작을 반복해 준다.

• 도움을 점차 줄여 간다.

• 수행되면 영아 스스로 다양한 색깔의 큰 스티커를 떼서 몸에 붙여 보라고 한다.

• 수행 되면 영아의 특성에 맞는 적절한 강화제를 제공한다.

☞ 영아의 상태에 따라 교사가 스티커를 떼 준 후 몸에 붙이는 것만 지도해도 무방하다.

큰 스티커 떼기

큰 스티커 몸에 붙이기

큰 스티커 몸에 붙이기

* 사진 출처: 령 트리오 재구성

54 색 쌀 속에서 자석에 붙는 물체 찾기 2~3세

목표 | 색 쌀 속에서 자석에 붙는 물체를 찾을 수 있다.

자료 | 색 쌀, 자석 키트, 자석에 붙는 다양한 물체, 트레이, 강화제

방법 ❶

- 교사가 쌀에다 식용 색소로 물을 들여 색 쌀을 미리 준비해 놓는다.
- 교사가 트레이에 색 쌀을 부은 후 색 쌀 속에 자석에 붙는 다양한 물체를 숨긴 다음 자석을 제공한다.
- 교사가 자석으로 색 쌀 속에 숨겨져 있는 자석에 붙는 다양한 물체를 찾아내는 시범을 보인다.
- 영아에게 교사를 모방하여 자석으로 색 쌀 속에 숨겨져 있는 자석에 붙는 다양한 물체를 찾아내 보라고 한다.
- 수행되면 영아 스스로 자석을 가지고 색 쌀 속에 숨겨져 있는 자석에 붙는 다양한 물체를 찾아내 보라고 한다.
- 수행되면 영아의 특성에 맞는 적절한 강화제를 제공한다.

방법 ❷

- 교사가 쌀에다 식용 색소로 물을 들여 색 쌀을 미리 준비해 놓는다.
- 교사가 트레이에 색 쌀을 부은 후 색 쌀 속에 자석에 붙는 다양한 물체를 숨긴 다음 자석을 제공한다.
- 교사가 자석으로 색 쌀 속에 숨겨져 있는 자석에 붙는 다양한 물체를 찾아내는 시범을 보인다.
- 영아에게 교사를 모방하여 자석으로 색 쌀 속에 숨겨져 있는 자석에 붙는 다양한 물체를 찾아내 보라고 한다.

- 찾지 못하면 교사가 영아의 손에 자석을 쥐어 준 후 손을 잡고 색 쌀 속에 숨겨져 있는 자석에 붙는 다양한 물체를 찾아 준다.
- 교사가 영아의 손을 잡고 색 쌀 속에 숨겨져 있는 자석에 붙는 다양한 물체를 찾아 주다가 영아 스스로 찾게 한다.
- 찾지 못하면 교사가 영아의 손에 자석을 쥐어 준 후 손을 잡고 색 쌀 속에 숨겨져 있는 자석에 붙는 다양한 물체를 찾아 주는 동작을 반복해 준다.
- 도움을 점차 줄여 간다.
- 수행되면 영아 스스로 자석을 가지고 색 쌀 속에 숨겨져 있는 자석에 붙는 다양한 물체를 찾아내 보라고 한다.
- 수행되면 영아의 특성에 맞는 적절한 강화제를 제공한다.

☞ 61. 알록달록 색 쌀 만들기를 참고하여 색 쌀을 미리 만들어 두면 편리하게 사용할 수 있다.

2~3
세

색 쌀과 자석 키트 제공

자석 쥐기

색 쌀 속에 자석 갖다 대기

색 쌀 속에서 자석에 붙는 물체 찾기

자석 들어 올리기

자석에 붙여진 물체들

* 사진 출처: 렁 트리오 재구성

55 수정토를 다양한 용기에 붓기 2~3세

목표 | 수정토를 다양한 용기에 부을 수 있다.

자료 | 수정토, 투명 컵(일회용 작은 커피 컵), 다양한 모양 및 종류의 용기, 강화제

방법 ❶

- 교사가 투명 컵(예: 일회용 작은 커피 컵)에 각각 다양한 색깔의 수정토를 담아 제시한다.
- 교사가 투명 컵에 들어 있는 수정토를 다양한 용기에 붓는 시범을 보인다.
- 영아에게 교사를 모방하여 투명 컵에 들어 있는 수정토를 다양한 용기에 부어 보라고 한다.
- 수행되면 영아 스스로 투명 컵에 들어 있는 수정토를 다양한 용기에 부어 보라고 한다.
- 수행되면 영아의 특성에 맞는 적절한 강화제를 제공한다.

방법 ❷

- 교사가 투명 컵(예: 일회용 작은 커피 컵)에 각각 다양한 색깔의 수정토를 담아 제시한다.
- 교사가 투명 컵에 들어 있는 수정토를 예를 들어 플라스틱 그릇에 붓는 시범을 보인다.
- 영아에게 교사를 모방하여 투명 컵에 들어 있는 수정토를 플라스틱 그릇에 부어 보라고 한다.
- 붓지 못하면 교사가 영아의 손을 잡고 투명 컵에 들어 있는 수정토를 플라스틱 그릇에 부어 준다.
- 교사가 수정토가 들어 있는 투명 컵을 쥔 영아의 손을 플라스틱 그릇에 대 준 후 영아에게 수정토를 부어 보라고 한다.

2~3
세

- 붓지 못하면 교사가 영아의 손을 잡고 투명 컵에 들어 있는 수정토를 플라스틱 그 릇에 붓는 동작을 반복해 준다.
- 교사가 플라스틱 그릇을 가리키며 영아에게 투명 컵에 들어 있는 수정토를 부어 보라고 한다.
- 도움을 점차 줄여 간다.
- 수행되면 영아 스스로 투명 컵에 들어 있는 수정토를 플라스틱 그릇에 부어 보라 고 한다.
- 수행되면 교사가 투명 컵에 들어 있는 수정토를 예를 들어 네모 투명 그릇에 붓는 시범을 보인다.
- 영아에게 교사를 모방하여 투명 컵에 들어 있는 수정토를 네모 투명 그릇에 부어 보라고 한다.
- 붓지 못하면 투명 컵에 들어 있는 수정토를 플라스틱 그릇에 붓는 것을 지도한 것 과 같은 방법으로 지도한다.
- 수행되면 영아 스스로 투명 컵에 들어 있는 수정토를 네모 투명 그릇에 부어 보라 고 한다.
- 수행되면 교사가 투명 컵에 들어 있는 수정토를 다양한 용기에 붓는 시범을 보인다.
- 영아에게 교사를 모방하여 투명 컵에 들어 있는 수정토를 다양한 용기에 부어 보 라고 한다.
- 붓지 못하면 투명 컵에 들어 있는 수정토를 플라스틱 그릇에 붓는 것을 지도한 것 과 같은 방법으로 지도한다.
- 수행되면 영아 스스로 투명 컵에 들어 있는 수정토를 다양한 용기에 부어 보라고 한다.
- 수행되면 영아의 특성에 맞는 적절한 강화제를 제공한다.

☞ 개구리알은 수정토, 워트비즈 등의 이름으로 불리며 시중에서 쉽게 구입할 수 있다.

☞ 일회용 불투명 컵보다 손에 쉽게 쥘 수 있는 작은 투명 컵을 사용하면 영아가 색깔도 같이 볼 수 있으므로 좀 더 흥미를 유발할 수 있다.

☞ 유리그릇, 투명 플라스틱 그릇, 쇠그릇 등에 수정토를 부으면 각각 다른 소리의 자극을 줄 수 있으니 참고하기 바란다.

☞ 교사가 페트병에 담는 모습을 보여 주거나 수정토에 물을 부어 물속에서 떠다니는 수정토를 볼 수 있도록 해 주면 좀 더 다양한 수정토 놀이를 즐길 수 있다.

2~3 세

유리그릇에 붓기

네모 투명 용기에 붓기

동그라미 투명 용기에 붓기

뚜껑을 닫아 흔들어 보기

쉐이크 통에 붓기

쉐이크 통 흔들어 보기

주스 잔에 붓기

투명 컵에 붓기

긴 투명 통에 붓기

페트병에 붓기

수정토에 물 붓기

수정토에 물 붓기

* 사진 출처: 령 트리오 재구성

접착테이프에 붙여진 페트병 뚜껑 떼기 2~3세

목표 │ 접착테이프에 붙여진 페트병 뚜껑을 뗄 수 있다.
자료 │ 접착테이프, 페트병 뚜껑, 강화제

방법 ❶

- 교사가 다음 사진처럼 접착테이프를 길게 잘라 적당한 위치에 고정시킨 후 페트병 뚜껑을 미리 접착테이프에 붙여 놓는다.
- 교사가 접착테이프에 붙여진 페트병 뚜껑을 떼는 시범을 보인다.
- 영아에게 교사를 모방하여 접착테이프에 붙여진 페트병 뚜껑을 떼어 보라고 한다.
- 수행되면 영아 스스로 접착테이프에 붙여진 페트병 뚜껑을 떼어 보라고 한다.
- 수행되면 영아의 특성에 맞는 적절한 강화제를 제공한다.

방법 ❷

- 교사가 접착테이프를 길게 잘라 적당한 위치에 고정시킨 후 페트병 뚜껑을 미리 접착테이프에 붙여 놓는다.
- 교사가 접착테이프에 붙여진 페트병 뚜껑을 떼는 시범을 보인다.
- 영아에게 교사를 모방하여 접착테이프에 붙여진 페트병 뚜껑을 떼어 보라고 한다.
- 모방하지 못하면 교사가 영아의 손을 잡고 접착테이프에 붙여진 페트병 뚜껑을 떼어 준다.
- 교사가 영아의 손을 접착테이프에 붙여진 페트병 뚜껑에 대 준 후 떼어 보라고 한다.
- 떼지 못하면 교사가 영아의 손을 잡고 접착테이프에 붙여진 페트병 뚜껑을 떼는

동작을 반복해 준다.

• 교사가 접착테이프에 붙여진 페트병 뚜껑을 가리키며 영아에게 떼어 보라고
한다.

☞ 접착테이프에서 페트병 뚜껑을 떼는 것이 수행되면 레고 등을 붙여 같은 방법으로 지도하면
된다.

57 색 모래 만들기

목표 ┃ 다양한 물감을 섞어 색 모래를 만들 수 있다.

자료 ┃ 모래, 아크릴물감(물감), 여러 개의 플라스틱 통, 포크, 강화제

방법 ❶

- 교사가 크기가 같은 여러 개의 플라스틱 통에 모래를 붓는다.
- 교사가 각각의 플라스틱 통에 아크릴물감(물감)을 넣고 포크로 섞어 모래를 물들이는 시범을 보인다.
- 교사가 그릇에 모래와 물감을 넣어 준 후 영아에게 교사를 모방하여 포크로 섞어 모래를 물들여 보라고 한다.
- 수행되면 교사가 그릇에 모래와 물감을 넣어 준 후 영아 스스로 포크로 섞어 모래를 물들여 보라고 한다.
- 수행되면 영아의 특성에 맞는 적절한 강화제를 제공한다.

방법 ❷

- 교사가 크기가 같은 여러 개의 플라스틱 통에 모래를 붓는다.
- 교사가 각각의 플라스틱 통에 아크릴물감(물감)을 넣어 준다.
- 교사가 예를 들어 모래와 보라색 물감을 포크로 섞어 물들이는 시범을 보인다.

- 교사가 그릇에 모래와 보라색 물감을 넣어 준 후 영아에게 교사를 모방하여 포크로 섞어 물들여 보라고 한다.
- 물들이지 못하면 교사가 영아의 손을 잡고 모래와 보라색 물감을 포크로 섞어 모래를 물들여 준다.
- 교사가 영아의 손을 잡고 모래와 보라색 물감을 포크로 섞어 물들여 주다가 영아 스스로 물들여 보라고 한다.
- 물들이지 못하면 교사가 영아의 손을 잡고 모래와 보라색 물감을 포크로 섞어 물들여 주는 동작을 반복해 준다.
- 도움을 점차 줄여 간다.
- 수행되면 교사가 그릇에 모래와 보라색 물감을 넣어 준 후 영아 스스로 포크로 섞어 물들여 보라고 한다.
- 수행되면 교사가 모래와 다양한 색의 물감을 포크로 섞어 물들이는 것도 같은 방법으로 지도한다.
- 수행되면 영아의 특성에 맞는 적절한 강화제를 제공한다.

☞ 아크릴물감(물감) 대신 식용 색소를 사용해도 무방하다.

☞ 수행되면 영아의 상태에 따라 색 모래를 손으로 만지거나 마음대로 낙서를 하게 하는 등 다양한 활동으로 확장시킬 수 있다.

☞ 수행되면 영아의 상태에 따라 완성된 색 모래를 포크나 손으로 컵에 담거나 병에 담게 지도해도 효율적이다.

☞ 색 모래를 병에 담아 보관해 두면 놀이 지도 시 다양한 용도를 활용할 수 있으므로 미리 만들어 두면 편리하다.

교사가 모래에 물감 넣어 주기

교사가 포크로 모래와 물감 섞는 시범

교사를 모방하여 포크로 모래와 물감 섞기

영아 스스로 모래와 물감을 포크로 섞기

물들여진 색 모래

물들여진 색 모래

병에 색 모래 담기

병에 색 모래 담기

병에 담긴 색 모래

병에 담긴 색 모래

색 모래 손으로 만지기

색 모래 손으로 만지기

* 사진 출처: 령 트리오 재구성

3~4
세

58 버블 랩으로 감싼 휴지 심으로 마구 찍기 3~4세

목표 | 버블 랩으로 감싼 휴지 심으로 마구 찍기를 할 수 있다.

자료 | 버블 랩, 휴지 심, 물감, 도화지(스케치북), 강화제

방법 ❶

- 교사가 버블 랩으로 감싼 휴지 심과 함께 접시에 물감을 풀어 제시한다.
- 교사가 휴지 심을 감싼 버블 랩을 물감에 묻혀 도화지에 마구 찍는 시범을 보인다.
- 영아에게 교사를 모방하여 휴지 심을 감싼 버블 랩을 물감에 묻혀 도화지에 마구 찍어 보라고 한다.
- 수행되면 영아 스스로 휴지 심을 감싼 버블 랩을 물감에 묻혀 도화지에 마구 찍어 보라고 한다.
- 수행되면 영아의 특성에 맞는 적절한 강화제를 제공한다.

방법 ❷

- 교사가 버블 랩으로 감싼 휴지 심과 함께 접시에 물감을 풀어 제시한다.
- 교사가 휴지 심을 감싼 버블 랩을 물감에 묻히는 시범을 보인다.
- 영아에게 교사를 모방하여 휴지 심을 감싼 버블 랩을 물감에 묻혀 보라고 한다.
- 묻히지 못하면 교사가 영아의 손을 잡고 휴지 심을 감싼 버블 랩을 물감에 묻혀 준다.
- 교사가 휴지 심을 감싼 버블 랩을 쥔 영아의 손을 물감에 대 준 후 영아에게 묻혀 보라고 한다.
- 묻히지 못하면 교사가 영아의 손을 잡고 휴지 심을 감싼 버블 랩을 물감에 묻히는 동작을 반복해 준다.
- 도움을 점차 줄여 간다.

- 수행되면 영아 스스로 휴지 심을 감싼 버블 랩을 물감에 묻혀 보라고 한다.
- 수행되면 교사가 물감을 묻힌 버블 랩으로 도화지에 마구 찍는 시범을 보인다.
- 영아에게 교사를 모방하여 물감을 묻힌 버블 랩으로 도화지에 마구 찍어 보라고 한다.
- 찍지 못하면 교사가 영아의 손을 잡고 물감을 묻힌 버블 랩으로 도화지에 마구 찍어 준다.
- 교사가 영아의 손을 잡고 물감을 묻힌 버블 랩으로 도화지에 마구 찍어 주다가 영아에게 찍어 보라고 한다.
- 찍지 못하면 교사가 영아의 손을 잡고 물감을 묻힌 버블 랩으로 도화지에 마구 찍는 동작을 반복해 준다.
- 도움을 점차 줄여 간다.
- 수행되면 영아 스스로 물감을 묻힌 버블 랩으로 도화지에 마구 찍어 보라고 한다.
- 수행되면 영아의 특성에 맞는 적절한 강화제를 제공한다.

☞ 버블 랩은 우리가 흔히 에어 캡 혹은 뽁뽁이라고 부르는 것을 말한다.

☞ 활동을 진행하기 전 재료를 적절하게 탐색할 수 있는 시간을 허용하는 것도 효과적이다.

3~4
세

준비물: 버블 랩, 휴지 심지, 물감, 스케치북

재료 탐색

버블 랩에 물감 묻히기

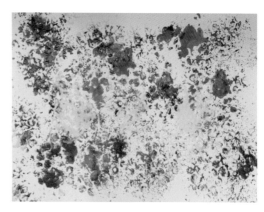

완성된 예

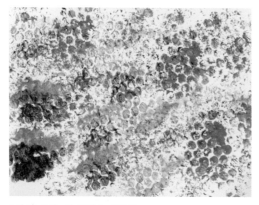

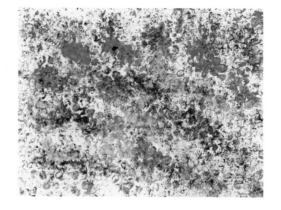

* 사진 출처: 령 트리오 재구성

59 색깔에 맞춰 스티커 붙이기

목표 | 색깔에 맞춰 스티커를 붙일 수 있다.

자료 | 다양한 색깔이나 모양의 스티커, 도화지(스케치북), 강화제

방법 ①

- 교사가 예를 들어 도화지(스케치북)에 빨간색 동그라미, 노란색 하트(♡)를 그린 후 빨간색 동그라미에는 빨간색 스티커를, 노란색 하트(♡)에는 노란색 스티커를 미리 붙여 제시한다.
- 교사가 도화지에 같은 색깔별로 스티커를 붙이는 시범을 보인다.
- 영아에게 교사를 모방하여 도화지에 같은 색깔별로 스티커를 붙여 보라고 한다.
- 수행되면 영아 스스로 도화지에 같은 색깔별로 스티커를 붙여 보라고 한다.
- 수행되면 영아의 특성에 맞는 적절한 강화제를 제공한다.

방법 ②

- 교사가 예를 들어 도화지(스케치북)에 빨간색 동그라미, 노란색 하트(♡)를 그린 후 빨간색 동그라미에는 빨간색 스티커를, 노란색 하트(♡)에는 노란색 스티커를 미리 붙여 제시한다.
- 교사가 예를 들어 도화지에 그려진 빨간색 동그라미 안에 빨간색 스티커를 붙이는 시범을 보인다.
- 영아에게 교사를 모방하여 빨간색 동그라미 안에 빨간색 스티커를 붙여 보라고 한다.
- 붙이지 못하면 교사가 영아의 손을 잡고 빨간색 동그라미 안에 빨간색 스티커를 붙여 준다.
- 교사가 영아의 손에 빨간색 스티커를 쥐어 준 후 빨간색 동그라미 안에 대 준 다

음 영아에게 붙여 보라고 한다.

- 붙이지 못하면 교사가 영아의 손을 잡고 빨간색 동그라미 안에 빨간색 스티커를 붙이는 동작을 반복해 준다.

- 교사가 영아의 손에 빨간색 스티커를 쥐어 준 후 영아에게 빨간색 동그라미 안에 붙여 보라고 한다.

- 수행되면 교사가 빨간색 동그라미를 가리키며 영아에게 빨간색 스티커를 붙여 보라고 한다.

- 도움을 점차 줄여 간다.

- 수행되면 영아 스스로 빨간색 동그라미 안에 빨간색 스티커를 붙여 보라고 한다.

- 수행되면 교사가 예를 들어 노란색 하트(♡) 안에 노란색 스티커를 붙이는 시범을 보인다.

- 영아에게 교사를 모방하여 노란색 하트 안에 노란색 스티커를 붙여 보라고 한다.

- 붙이지 못하면 빨간색 스티커를 붙이는 것을 지도한 것과 같은 방법으로 지도한다.

- 수행되면 영아 스스로 노란색 하트 안에 노란색 스티커를 붙여 보라고 한다.

- 수행되면 다른 색깔의 스티커를 붙이는 것도 같은 방법으로 지도한다.

- 수행되면 영아의 특성에 맞는 적절한 강화제를 제공한다.

☞ 교사가 각각 다른 색깔로 영아가 좋아하는 모양(예: 빨간색은 곰돌이, 노란색은 아이스크림 등)을 그려 주면 더 효과적이다.

☞ 처음 지도 시에는 스티커의 색깔을 2개 정도 가지고 지도하다가 영아의 상태에 따라 점차 개수를 늘려 가도록 한다.

☞ 처음 지도 시에는 색깔과 모양이 각기 다른 스티커(예: 빨간색은 동그라미, 노란색은 하트)를 사용하는 것이 지도하기 쉽다. 수행되면 영아의 상태에 따라 색깔은 같으면서 모양이 다른 스티커(예: 빨간색 동그라미, 빨간색 하트)를 활용해도 무방하다.

분홍색 스티커 붙이기

분홍색 스티커 붙이기

분홍색 스티커 붙이기

완성된 모양

* 사진 출처: 령 트리오 재구성

3~4
세

60 메추리알판에 구슬 넣기 3~4세

목표 | 메추리알판에 구슬을 넣을 수 있다.

자료 | 메추리알판, 구슬(폼폼이), 구슬을 담을 통, 강화제

방법 ❶

- 교사가 메추리알판에 구슬을 넣는 시범을 보인다.
- 영아에게 교사를 모방하여 메추리알판에 구슬을 넣어 보라고 한다.
- 수행되면 영아 스스로 메추리알판에 구슬을 넣어 보라고 한다.
- 수행되면 영아의 특성에 맞는 적절한 강화제를 제공한다.

방법 ❷

- 교사가 메추리알판에 구슬을 넣는 시범을 보인다.
- 영아에게 교사를 모방하여 메추리알판에 구슬을 넣어 보라고 한다.
- 넣지 못하면 교사가 영아의 손을 잡고 메추리알판에 구슬을 넣어 준다.
- 교사가 구슬을 집은 영아의 손을 메추리알판에 대 준 후 영아에게 구슬을 넣어 보라고 한다.
- 넣지 못하면 교사가 영아의 손을 잡고 메추리알판에 구슬을 넣어 주는 동작을 반복한다.
- 교사가 메추리알판을 가리키며 영아에게 구슬을 넣어 보라고 한다.
- 도움을 점차 줄여 간다.
- 수행되면 영아 스스로 메추리알판에 구슬을 넣어 보라고 한다.
- 수행되면 영아의 특성에 맞는 적절한 강화제를 제공한다.

☞ 메추리알판에 구슬 대신 폼폼이를 넣게 할 수도 있다.

구슬, 통, 메추리알판

메추리알판에 구슬 넣기

메추리알판에 구슬 넣기

메추리알판에 구슬 넣기 완성

* 사진 출처: 령 트리오 재구성

3~4
세

알록달록 색 쌀 만들기　　　3~4세

목표 | 알록달록 색 쌀을 만들 수 있다.

자료 | 쌀, 컵(종이컵), 다양한 색깔의 식용 색소, 지퍼 백, 강화제

방법 ❶

- 교사가 지퍼 백에 쌀과 식용 색소를 넣은 후 손으로 흔들어 주거나 조물조물 만져 쌀을 물들이는 시범을 보인다.
- 교사가 지퍼 백에 쌀과 식용 색소를 넣어 준 후 영아에게 교사를 모방하여 손으로 흔들어 주거나 조물조물 만져 쌀을 물들여 보라고 한다.
- 수행되면 교사가 지퍼 백에 쌀과 식용 색소를 넣어 준 후 영아에게 스스로 손으로 흔들어 주거나 조물조물 만져 쌀을 물들여 보라고 한다.
- 수행되면 영아의 특성에 맞는 적절한 강화제를 제공한다.

방법 ❷

- 교사가 지퍼 백에 쌀과 식용 색소를 넣은 후 손으로 흔들어 주거나 조물조물 만져 쌀을 물들이는 시범을 보인다.
- 교사가 지퍼 백에 쌀과 식용 색소를 넣어 준 후 영아에게 교사를 모방하여 손으로 흔들어 주거나 조물조물 만져 쌀을 물들여 보라고 한다.
- 물들이지 못하면 교사가 영아의 손을 잡고 쌀과 식용 색소가 든 지퍼 백을 흔들어 주거나 조물조물 만져 쌀을 물들여 준다.
- 교사가 영아의 손을 잡고 쌀과 식용 색소가 든 지퍼 백을 흔들어 주거나 조물조물 만져 주다가 영아 스스로 쌀을 물들여 보라고 한다.
- 물들이지 못하면 교사가 영아의 손을 잡고 쌀과 식용 색소가 든 지퍼 백을 흔들어 주거나 조물조물 만져 쌀을 물들여 주는 동작을 반복해 준다.

- 도움을 점차 줄여 간다.
- 수행되면 교사가 지퍼 백에 쌀과 식용 색소를 넣어 준 후 영아에게 스스로 손으로 흔들어 주거나 조물조물 만져 쌀을 물들여 보라고 한다.
- 수행되면 영아의 특성에 맞는 적절한 강화제를 제공한다.

☞ 만드는 과정의 사진은 '57. 색 모래 만들기'를 참고하면 된다.

☞ 식용 색소 대신 아크릴물감(물감)을 사용해도 무방하다.

☞ 수행되면 영아의 상태에 따라 완성된 색 쌀을 포크나 손으로 컵에 담거나 병에 담는 등 다양한 활동으로 확장시킬 수 있다.

☞ 색 쌀을 미리 만들어 병에 담아 보관해 두면 놀이 지도 시 다양한 용도로 활용할 수 있다(예: 색 쌀 위에 낙서하기 등).

3~4
세

일회용 접시에서 말리기

* 사진 출처: 렁 트리오 재구성

개구리알 불리기

목표 | 개구리알을 불릴 수 있다.
자료 | 개구리알, 뚜껑에 구멍이 있는 일회용 커피 컵, 빨대, 물, 계량 컵(컵 또는 주전자),
강화제

방법 ❶

- 교사가 뚜껑에 구멍이 있는 일회용 커피 컵에 개구리알을 붓는 시범을 보인다.
- 영아에게 교사를 모방하여 커피 컵에 개구리알을 부어 보라고 한다.
- 수행되면 영아 스스로 커피 컵에 개구리알을 부어 보라고 한다.
- 수행되면 교사가 커피 컵에 담긴 개구리알에 물을 붓는 시범을 보인다.
- 영아에게 교사를 모방하여 커피 컵에 담긴 개구리알에 물을 부어 보라고 한다.
- 수행되면 영아 스스로 커피 컵에 담긴 개구리알에 물을 부어 보라고 한다.
- 수행되면 교사가 개구리알이 든 컵을 흔들어 주거나 빨대로 젓는 시범을 보인다.
- 영아에게 교사를 모방하여 개구리알이 든 컵을 흔들어 주거나 빨대로 저어 보라
고 한다.
- 수행되면 영아 스스로 개구리알이 든 컵을 흔들어 주거나 빨대로 저어 보라고
한다.
- 수행되면 교사가 중간중간 영아와 함께 점점 커지는 개구리알을 관찰한다.
- 영아에게 스스로 커지는 개구리알을 관찰해 보라고 한다.
- 수행되면 영아 스스로 컵 구멍 밖으로 튀어나오는 개구리알을 집중해서 관찰해
보라고 한다.
- 수행되면 영아의 특성에 맞는 적절한 강화제를 제공한다.

- 교사가 뚜껑에 구멍이 있는 일회용 커피 컵에 개구리알을 붓는 시범을 보인다.
- 영아에게 교사를 모방하여 커피 컵에 개구리알을 부어 보라고 한다.
- 붓지 못하면 교사가 영아의 손을 잡고 커피 컵에 개구리알을 부어 준다.
- 교사가 커피컵 위에 영아의 손을 올려 준 후 개구리알을 부어 보라고 한다.
- 붓지 못하면 교사가 영아의 손을 잡고 커피 컵에 개구리알을 부어 주는 동작을 반복해 준다.
- 교사가 커피 컵을 가리키며 영아에게 개구리알을 부어 보라고 한다.
- 도움을 점차 줄여 간다.
- 수행되면 영아 스스로 커피 컵에 개구리알을 부어 보라고 한다.
- 수행되면 교사가 커피 컵에 담긴 개구리알에 물을 붓는 시범을 보인다.
- 영아에게 교사를 모방하여 커피 컵에 담긴 개구리알에 물을 부어 보라고 한다.
- 붓지 못하면 커피 컵에 개구리알 붓는 것을 지도한 것과 같은 방법으로 지도한다.
- 수행되면 영아 스스로 커피 컵에 담긴 개구리알에 물을 부어 보라고 한다.
- 수행되면 교사가 개구리알이 든 컵을 흔들어 주거나 빨대로 젓는 시범을 보인다.
- 영아에게 교사를 모방하여 개구리알이 든 컵을 흔들어 주거나 빨대로 저어 보라고 한다.
- 흔들거나 젓지 못하면 커피 컵에 개구리알 붓는 것을 지도한 것과 같은 방법으로 지도한다.
- 수행되면 영아 스스로 개구리알이 든 컵을 흔들어 주거나 빨대로 저어 보라고 한다.
- 수행되면 교사가 중간중간 영아와 함께 점점 커지는 개구리알을 관찰한다.
- 관찰하지 못하면 교사가 컵을 들어 영아의 눈앞에서 보여 주거나 컵 위에서 바스락 소리를 내서(예: 과자봉지 소리, 작은 종소리 등) 영아가 점점 커지는 개구리알을 관찰하게 해 준다.
- 교사가 커피 컵 뚜껑의 구멍 밖으로 튀어나오는 개구리알을 가리키며 영아에게

3~4
세

개구리알을 관찰해 보라고 한다.

• 도움을 점차 줄여 간다.

• 수행되면 영아 스스로 컵 뚜껑의 구멍 밖으로 튀어나오는 개구리알을 집중해서
  관찰해 보라고 한다.

• 수행되면 영아의 특성에 맞는 적절한 강화제를 제공한다.

☞ 개구리알은 수정토, 워트비즈 등의 이름으로 불리며 시중에서 쉽게 구입할 수 있다.

☞ 개구리알은 4~5시간 기다리면 충분히 불어서 투명 컵 뚜껑의 구멍으로 튀어나오게 되는데
  아이들은 이 광경을 매우 집중해서 관찰하며 흥미로워한다. 그러므로 관찰에 대한 부분은
  특별히 지도하지 않아도 자연스럽게 수행된다.

교사가 투명한 컵에 개구리알 넣는 시범 보이기

교사가 컵에 물 따르기

컵 흔들어 주기

빨대로 저어 주기

커지기 시작하는 개구리알

시간이 지날수록 커지는 개구리알

컵 구멍 밖으로 튀어나오는 개구리알

컵 구멍 밖으로 튀어나오는 개구리알

* 사진 출처: 령 트리오 재구성

3~4
세

63 모루로 비눗방울 불기   3~4세

목표 | 모루로 비눗방울을 불 수 있다.

자료 | 비눗물, 다양한 색상의 모루, 트레이, 강화제

방법 ❶

- 교사가 미리 모루로 동그라미 모양을 여러 개 만든 다음 트레이에 비눗물을 부어 함께 제시한다.
- 교사가 트레이에 담긴 비눗물을 모루에 묻혀 비눗방울을 부는 시범을 보인다.
- 영아에게 교사를 모방하여 트레이에 담긴 비눗물을 모루에 묻혀 비눗방울을 불어 보라고 한다.
- 수행되면 영아 스스로 트레이에 담긴 비눗물을 모루에 묻혀 비눗방울을 불어 보라고 한다.
- 수행되면 영아의 특성에 맞는 적절한 강화제를 제공한다.

방법 ❷

- 교사가 미리 모루로 동그라미 모양을 여러 개 만든 다음 트레이에 비눗물을 부어 함께 제시한다.
- 교사가 트레이에 담긴 비눗물을 모루에 묻히는 시범을 보인다.
- 영아에게 교사를 모방하여 트레이에 담긴 비눗물을 모루에 묻혀 보라고 한다.
- 묻히지 못하면 교사가 영아의 손을 잡고 트레이에 담긴 비눗물을 모루에 묻혀 준다.
- 교사가 모루를 잡은 영아의 손을 비눗물에 대 준 다음 영아에게 비눗물을 묻혀 보라고 한다.
- 묻히지 못하면 교사가 영아의 손을 잡고 트레이에 담긴 비눗물을 모루에 묻혀 주

는 동작을 반복해 준다.
- 교사가 비눗물을 가리키며 영아에게 모루에 묻혀 보라고 한다.
- 도움을 점차 줄여 간다.
- 수행되면 영아 스스로 트레이에 담긴 비눗물을 모루에 묻혀 보라고 한다.
- 수행되면 교사가 트레이에 담긴 비눗물을 모루에 묻혀 비눗방울을 부는 시범을 보인다.
- 영아에게 교사를 모방하여 트레이에 담긴 비눗물을 모루에 묻혀 비눗방울을 불어 보라고 한다.
- 불지 못하면 교사가 비눗물이 묻은 모루를 영아의 입 앞에 대 준 후 불어 보라고 한다.
- 교사가 비눗물이 묻은 모루를 부는 동작을 보여 주며 영아에게 불어 보라고 한다.
- 불지 못하면 교사가 비눗물이 묻은 모루를 영아의 입 앞에 대 준 후 비눗방울을 부는 동작을 반복해 준다.
- 교사가 비눗물이 묻은 모루를 가리키며 영아에게 불어 보라고 한다.
- 도움을 점차 줄여 간다.
- 수행되면 영아 스스로 모루로 비눗방울을 불어 보라고 한다.
- 수행되면 영아의 특성에 맞는 적절한 강화제를 제공한다.

☞ 비눗방울 물이 없을 경우 주방 세제(가능하면 천연 세제)로 해도 무방하다.

☞ 비눗방울을 불지 못하면 교사가 영아의 손바닥에 숨을 불어 입에서 나오는 바람을 느끼게 한 후 지도하거나 코를 막고 입을 오므렸다가 벌려 주면서 바람이 나오게 하는 연습을 시킨 후 지도하면 효과적이다.

☞ 모루를 구부려 동그라미를 만들 수 있는 영아의 경우에는 스스로 만들어 비눗방울을 불게 하면 더욱 성취감을 느낄 수 있다.

3~4
세

트레이에 비눗물 부어 모루와 제시

모루로 비눗방울 불기

모루로 비눗방울 불기

모루로 비눗방울 불기

모루로 비눗방울 불기

모루로 비눗방울 불기

* 사진 출처: 렁 트리오 재구성

64 통과 같은 색 플레이콘 넣기 3~4세

목표 | 통의 뚜껑과 같은 색 플레이콘을 통에 넣을 수 있다.
자료 | 뚜껑 색이 다양한 통, 다양한 색깔의 플레이콘, 강화제

방법 ❶

- 교사가 통의 뚜껑과 같은 색의 플레이콘(예: 파란색 뚜껑의 통에 파란색 플레이콘 넣기)을 통에 넣는 시범을 보인다.
- 영아에게 교사를 모방하여 통의 뚜껑과 같은 색의 플레이콘을 통에 넣어 보라고 한다.
- 수행되면 영아 스스로 통의 뚜껑과 같은 색의 플레이콘을 통에 넣어 보라고 한다.
- 수행되면 영아의 특성에 맞는 적절한 강화제를 제공한다.

방법 ❷

- 교사가 예를 들어 파란색 뚜껑의 통에 파란색 플레이콘을 넣는 시범을 보인다.
- 영아에게 교사를 모방하여 파란색 뚜껑의 통에 파란색 플레이콘을 넣어 보라고 한다.
- 넣지 못하면 교사가 영아의 손을 잡고 파란색 뚜껑의 통에 파란색 플레이콘을 넣어 준다.
- 교사가 영아의 손에 파란색 플레이콘을 쥐어 준 후 영아에게 파란색 뚜껑의 통에 넣어 보라고 한다.
- 넣지 못하면 교사가 영아의 손을 잡고 파란색 뚜껑의 통에 파란색 플레이콘을 넣어 주는 동작을 반복해 준다.
- 교사가 파란색 뚜껑의 통을 가리키며 영아에게 파란색 플레이콘을 넣어 보라고 한다.

3~4
세

181

- 도움을 점차 줄여 간다.
- 수행되면 영아 스스로 파란색 뚜껑의 통에 파란색 플레이콘을 넣어 보라고 한다.
- 수행되면 교사가 예를 들어 빨간색 뚜껑의 통에 빨간색 플레이콘을 넣는 시범을 보인다.
- 영아에게 교사를 모방하여 빨간색 뚜껑의 통에 빨간색 플레이콘을 넣어 보라고 한다.
- 넣지 못하면 파란색 뚜껑의 통에 파란색 플레이콘을 넣는 것과 같은 방법으로 지도한다.
- 수행되면 각 색깔의 통에 같은 색의 플레이콘을 넣는 것도 같은 방법으로 지도한다.
- 수행되면 영아의 특성에 맞는 적절한 강화제를 제공한다.

☞ 통을 각각의 색종이로 감싸서 통의 색깔을 구분해 주어도 된다.

☞ 플레이콘 대신 폼폼이를 사용해도 무방하다.

다양한 색깔의 통

통 밑에 뚜껑 깔기

각 통에 같은 색깔의 플레이콘 넣기

각 통에 같은 색깔의 플레이콘 넣기

각 통에 같은 색깔의 플레이콘 넣기

각 통에 같은 색깔의 플레이콘 넣기

3~4
세

색깔별로 분류된 플레이콘

색깔별로 분류된 플레이콘

* 사진 출처: 렁 트리오 재구성

65 색 베이킹 소다 만들기 3~4세

목표 │ 다양한 물감을 섞어 색 베이킹 소다를 만들 수 있다.

자료 │ 베이킹 소다, 아크릴물감(물감), 여러 개의 플라스틱 통, 포크, 강화제

방법 ❶

- 교사가 크기가 같은 여러 개의 플라스틱 통에 베이킹 소다를 붓는다.

- 교사가 각각의 플라스틱 통에 아크릴물감(물감)을 넣고 포크로 섞어 베이킹 소다를 물들이는 시범을 보인다.

- 교사가 그릇에 베이킹 소다와 물감을 넣어 준 후 영아에게 교사를 모방하여 포크로 섞어 물들여 보라고 한다.

- 수행되면 교사가 그릇에 베이킹 소다와 물감을 넣어 준 후 영아 스스로 포크로 섞어 물들여 보라고 한다.

- 수행되면 영아의 특성에 맞는 적절한 강화제를 제공한다.

방법 ❷

- 교사가 크기가 같은 여러 개의 플라스틱 통에 베이킹 소다를 붓는다.

- 교사가 각각의 플라스틱 통에 아크릴물감(물감)을 넣어 준다.

- 교사가 예를 들어 베이킹 소다와 보라색 물감을 포크로 섞어 물들이는 시범을 보인다.

- 교사가 그릇에 베이킹 소다와 물감을 넣어 준 후 영아에게 교사를 모방하여 포크로 섞어 물들여 보라고 한다.

- 물들이지 못하면 교사가 영아의 손을 잡고 베이킹 소다와 보라색 물감을 포크로 섞어 베이킹 소다를 물들여 준다.

- 교사가 영아의 손을 잡고 베이킹 소다와 보라색 물감을 포크로 섞어 물들여 주다

가 영아에게 물들여 보라고 한다.

- 물들이지 못하면 교사가 영아의 손을 잡고 베이킹 소다와 보라색 물감을 포크로 섞어 물들여 주는 동작을 반복해 준다.

- 도움을 점차 줄여 간다.

- 수행되면 교사가 그릇에 베이킹 소다와 보라색 물감을 넣어 준 후 영아 스스로 포크로 섞어 물들여 보라고 한다.

- 수행되면 교사가 베이킹 소다와 다양한 색의 물감을 포크로 섞어 물들이는 것도 같은 방법으로 지도한다.

- 수행되면 영아의 특성에 맞는 적절한 강화제를 제공한다.

☞ 아크릴물감(물감) 대신 식용 색소를 사용해도 무방하다.

☞ 수행되면 영아의 상태에 따라 완성된 색 베이킹 소다를 포크나 손으로 컵에 담거나 병에 담는 등 다양한 활동으로 확장 시킬 수 있다.

3~4
세

☞ 색 베이킹 소다를 병에 담아 보관해 두면 다양한 용도를 활용할 수 있다(예: 거품 놀이 등).

베이킹 소다, 아크릴물감(물감),
여러 개의 플라스틱 통, 포크

크기가 같은 여러 개의 플라스틱 통

교사가 플라스틱통에 베이킹 소다 담기

교사가 베이킹 소다에 물감 넣어 주기

교사가 포크로 베이킹 소다와 물감 섞는 시범

물들여진 베이킹 소다

교사를 모방하여 포크로 베이킹 소다와 물감 섞기

스스로 베이킹 소다와 물감을 포크로 섞기

완성된 색 베이킹소다

컵에 색 베이킹소다 담기

컵에 색 베이킹소다 담기

병에 색 베이킹소다 담기

병에 담긴 색 베이킹소다

다양한 색깔의 베이킹소다

* 사진 출처: 령 트리오 재구성

3~4
세

66 지점토에 손도장 찍기

목표 | 지점토에 손도장을 찍을 수 있다.

자료 | 지점토, 밀대, 강화제

방법 ❶

- 교사가 지점토에 손도장을 찍는 시범을 보인다.
- 영아에게 교사를 모방하여 지점토에 손도장을 찍어 보라고 한다.
- 수행되면 영아 스스로 지점토에 손도장을 찍어 보라고 한다.
- 수행되면 영아의 특성에 맞는 적절한 강화제를 제공한다.

방법 ❷

- 교사가 지점토에 손도장을 찍는 시범을 보인다.
- 영아에게 교사를 모방하여 지점토에 손도장을 찍어 보라고 한다.
- 찍지 못하면 교사가 영아의 손을 잡고 지점토에 손도장을 찍게 해 준다.
- 교사가 영아의 손을 지점토에 올려 준 후 영아에게 손도장을 찍어 보라고 한다.
- 찍지 못하면 교사가 영아의 손을 잡고 지점토에 손도장을 찍는 동작을 반복해 준다.
- 교사가 영아의 손을 잡고 지점토에 손도장을 찍어 주다가 영아에게 찍어 보라고 한다.
- 수행되면 교사가 지점토를 가리키며 영아에게 손도장을 찍어 보라고 한다.
- 도움을 점차 줄여 간다.
- 수행되면 영아 스스로 지점토에 손도장을 찍어 보라고 한다.
- 수행되면 영아의 특성에 맞는 적절한 강화제를 제공한다.

☞ 손도장을 찍은 후 교사가 밀대로 지점토를 밀어 준 다음 다시 손도장 찍기를 지도해야 한다.

67 다양한 모양 틀로 지점토 찍기 `3~4세`

목표 | 지점토를 다양한 모양 틀로 찍을 수 있다.
자료 | 지점토, 모양 틀, 트레이, 강화제

방법 ❶

- 교사가 다양한 모양 틀로 지점토를 찍는 시범을 보인다.
- 영아에게 교사를 모방하여 다양한 모양 틀로 지점토를 찍어 보라고 한다.
- 수행되면 영아 스스로 다양한 모양 틀로 지점토를 찍어 보라고 한다.
- 수행되면 영아의 특성에 맞는 적절한 강화제를 제공한다.

방법 ❷

- 교사가 다양한 모양 틀로 지점토를 찍는 시범을 보인다.
- 영아에게 교사를 모방하여 다양한 모양 틀로 지점토를 찍어 보라고 한다.
- 찍지 못하면 교사가 영아의 손을 잡고 다양한 모양 틀로 지점토를 찍어 준다.
- 교사가 모양 틀을 잡은 영아의 손을 지점토에 대 준 후 영아에게 찍어 보라고 한다.
- 찍지 못하면 교사가 영아의 손을 잡고 다양한 모양 틀로 지점토를 찍는 동작을 반복해 준다.
- 교사가 지점토를 가리키며 영아에게 다양한 모양 틀로 지점토를 찍어 보라고 한다.
- 도움을 점차 줄여 간다.
- 수행되면 영아 스스로 다양한 모양 틀로 지점토를 찍어 보라고 한다.
- 수행되면 영아의 특성에 맞는 적절한 강화제를 제공한다.

☞ 지점토 대신 모래에 물을 넣고 색소나 물감을 섞어 사용해도 무방하다.

☞ 찰흙을 사용해도 되며 밀가루를 반죽하여 사용해도 무방하다. 그러나 밀가루를 반죽하여 사용할 경우에는 모양 틀에 기름을 발라 주어야 모양이 흐트러지지 않고 찍힌다.

주황색 지점토와 모양 틀

모양 틀로 지점토 찍기

모양 틀로 지점토 찍기

모양 틀로 지점토 찍기

보라색 점토와 모양 틀

모양 틀로 지점토 찍기

모양 틀로 지점토 찍기

모양 틀로 찍은 다양한 모양

* 사진 출처: 렁 트리오 재구성

3~4
세

목표 | 베이킹 소다를 이용한 놀이를 할 수 있다.

자료 | 색 베이킹 소다, 비누 몰드(칸이 나누어진 플라스틱류나 용기 등), 식초, 여러 개의 스포이트, 강화제

방법 ❶

- 교사가 다양한 색 베이킹 소다를 담아 영아에게 제시한다.
- 교사가 스포이트에 식초를 미리 담아 제시한다.
- 교사는 비누 몰드에 넣을 색 베이킹 소다를 영아에게 선택하게 한 후 각각의 컵에 담아 제공해 준다.
- 교사가 비누 몰드에 컵에 담긴 베이킹 소다를 넣는 시범을 보인다.
- 영아에게 교사를 모방하여 비누 몰드에 컵에 담긴 베이킹 소다를 넣어 보라고 한다.
- 수행되면 영아 스스로 비누 몰드에 컵에 담긴 베이킹 소다를 넣어 보라고 한다.
- 수행되면 교사가 스포이트로 베이킹 소다에 식초를 넣어 거품을 일으키는 시범을 보인다.
- 영아에게 교사를 모방하여 스포이트로 베이킹 소다에 식초를 넣어 거품을 일으켜 보라고 한다.
- 수행되면 영아 스스로 스포이트로 베이킹 소다에 식초를 넣어 거품을 일으켜 보라고 한다.
- 수행되면 영아의 특성에 맞는 적절한 강화제를 제공한다.

방법 ❷

- 교사가 다양한 색 베이킹 소다를 담아 영아에게 제시한다.
- 교사가 스포이트에 식초를 미리 담아 제시한다.

- 교사는 비누 몰드에 넣을 색 베이킹 소다를 영아에게 선택하게 한 후 각각의 컵에 담아 제공해 준다.
- 교사가 비누 몰드에 컵에 담긴 베이킹 소다를 넣는 시범을 보인다.
- 영아에게 교사를 모방하여 비누 몰드에 컵에 담긴 베이킹 소다를 넣어 보라고 한다.
- 넣지 못하면 교사가 영아의 손을 잡고 비누 몰드에 컵에 담긴 베이킹 소다를 넣어 준다.
- 교사가 영아의 손을 잡고 비누 몰드에 컵에 담긴 베이킹 소다를 넣어 주다가 영아에게 넣어 보라고 한다.
- 넣지 못하면 교사가 영아의 손을 잡고 비누 몰드에 컵에 담긴 베이킹 소다를 넣는 동작을 반복해 준다.
- 도움을 점차 줄여 간다.
- 수행되면 영아 스스로 비누 몰드에 컵에 담긴 베이킹 소다를 넣어 보라고 한다.
- 수행되면 교사가 스포이트로 베이킹 소다에 식초를 넣어 거품을 일으키는 시범을 보인다.
- 영아에게 교사를 모방하여 스포이트로 베이킹 소다에 식초를 넣어 거품을 일으켜 보라고 한다.
- 넣지 못하면 비누 몰드에 컵에 담긴 베이킹 소다를 넣는 것과 같은 방법으로 지도한다.
- 수행되면 영아 스스로 스포이트로 베이킹 소다에 식초를 넣어 거품을 일으켜 보라고 한다.
- 수행되면 영아의 특성에 맞는 적절한 강화제를 제공한다.

☞ 비누 몰드 대신 여러 칸으로 나누어진 플라스틱류 등 여러 칸으로 나누어진 다양한 용기들을 활용하면 된다.

☞ 색 베이킹 소다('65. 색 베이킹 소다 만들기' 참고)를 미리 만들어 놓고 사용하면 편리하다. 없을 경우 베이킹 소다에 물감을 섞어 만들어 사용하도록 한다.

다양한 색 베이킹 소다 제시

투명 컵에 베이킹 소다 담아 제시

비누 몰드에 베이킹 소다 담기

스포이트로 베이킹 소다에 식초 넣기

식초를 넣으면 부풀어 오르는 베이킹 소다

스포이트로 베이킹 소다에 식초 넣기

스포이트로 베이킹 소다에 식초 넣기

식초를 넣으면 부풀어 오르는 베이킹 소다

* 사진 출처: 렁 트리오 재구성

스틱에 같은 색 단추 붙이기

목표 ┃ 스틱에 같은 색의 단추를 붙일 수 있다.
자료 ┃ 다양한 색깔의 스틱, 다양한 색깔의 단추, 본드, 강화제

방법 ❶

- 교사가 스틱에 본드를 칠한 후 같은 색의 단추를 붙이는 시범을 보인다.
- 교사가 스틱에 본드를 칠해 준 후 영아에게 교사를 모방하여 스틱에 스틱과 같은 색의 단추를 붙여 보라고 한다.
- 수행되면 스틱에 보라색 단추가 붙여진 모양을 영아 스스로 스틱에 스틱과 같은 색의 단추를 붙여 보라고 한다.
- 수행되면 영아의 특성에 맞는 적절한 강화제를 제공한다.

방법 ❷

- 교사가 예를 들어 빨간색 스틱에 본드를 칠한 후 빨간색 단추를 붙이는 시범을 보인다.
- 교사가 스틱에 본드를 칠해 준 후 영아에게 교사를 모방하여 빨간색 스틱에 빨간색 단추를 붙여 보라고 한다.
- 붙이지 못하면 교사가 영아의 손을 잡고 빨간색 스틱에 빨간색 단추를 붙여 준다.
- 교사가 빨간색 단추를 영아에게 준 다음 영아의 손을 빨간색 스틱에 대 준 후 붙여 보라고 한다.
- 붙이지 못하면 교사가 영아의 손을 잡고 빨간색 스틱에 빨간색 단추를 붙이는 동작을 반복해 준다.
- 교사가 빨간색 단추를 영아에게 준 다음 빨간색 스틱을 짚어 준 후 붙여 보라고 한다.

- 수행되면 교사가 빨간색 스틱을 가리키며 영아에게 빨간색 단추를 붙여 보라고 한다.
- 도움을 점차 줄여 간다.
- 수행되면 교사가 스틱에 본드를 칠해 준 후 영아 스스로 빨간색 스틱에 빨간색 단추를 붙여 보라고 한다.
- 수행되면 교사가 예를 들어 노란색 스틱에 본드를 칠한 후 노란색 단추를 붙이는 시범을 보인다.
- 교사가 스틱에 본드를 칠해 준 후 영아에게 교사를 모방하여 노란색 스틱에 노란색 단추를 붙여 보라고 한다.
- 붙이지 못하면 빨간색 스틱에 빨간색 단추를 붙인 것을 지도한 것과 같은 방법으로 지도한다.
- 수행되면 교사가 스틱에 본드를 칠해 준 후 영아 스스로 노란색 스틱에 노란색 단추를 붙여 보라고 한다.
- 수행되면 다른 다양한 색깔의 스틱과 단추를 붙이는 것도 빨간색 스틱에 빨간색 단추를 붙이는 것과 같은 방법으로 지도한다.
- 수행되면 영아의 특성에 맞는 적절한 강화제를 제공한다.

☞ 수행되면 영아의 상태에 따라 완성된 스틱으로 세모, 네모 모양 등을 만들 수 있도록 확장할 수 있다. 그리고 완성된 스틱으로 전화 놀이를 할 수도 있다.

3~4
세

다양한 색깔의 스틱과 단추 제시

스틱에 본드를 칠한 후 같은 색 단추 붙이기

빨간색 스틱에 빨간색 단추 붙이기

노란색 스틱에 노란색 단추 붙이기

보라색 스틱에 보라색 단추 붙이기

보라색 스틱에 보라색 단추가 붙여진 모양

주황색 스틱에 주황색 단추 붙이기

완성된 모양

완성된 스틱으로 모양 만들기

완성된 스틱으로 세모 만들기

완성된 스틱으로 네모 만들기

완성된 스틱으로 전화 놀이

* 사진 출처: 렁 트리오 재구성

70 스포이트로 화장 솜 물들이기 3~4세

목표 | 스포이트로 화장 솜을 물들일 수 있다.

자료 | 다양한 색의 물감이 들어 있는 스포이트, 강화제

방법 ❶

- 교사가 스포이트에 다양한 색상의 물감을 넣어 제시한다.
- 교사가 다양한 색상의 물감이 들어 있는 스포이트로 화장 솜을 물들이는 시범을 보인다.
- 영아에게 교사를 모방하여 다양한 색상의 물감이 들어 있는 스포이트로 화장 솜을 물들여 보라고 한다.
- 수행되면 영아 스스로 다양한 색상의 물감이 들어 있는 스포이트로 화장 솜을 물들여 보라고 한다.
- 수행되면 영아의 특성에 맞는 적절한 강화제를 제공한다.

방법 ❷

- 교사가 다양한 색상의 물감이 들어 있는 스포이트를 누르는 시범을 보인다.
- 영아에게 교사를 모방하여 다양한 색상의 물감이 들어 있는 스포이트를 눌러 보라고 한다.
- 누르지 못하면 교사가 영아의 손을 잡고 다양한 색상의 물감이 들어 있는 스포이트를 눌러 준다.
- 교사가 영아의 손을 스포이트에 대 준 후 영아에게 눌러 보라고 한다.
- 누르지 못하면 교사가 영아의 손을 잡고 다양한 색상의 물감이 들어 있는 스포이트를 눌러 주는 동작을 반복해 준다.
- 교사가 스포이트를 가리키며 영아에게 눌러 보라고 한다.

- 도움을 점차 줄여 간다.
- 수행되면 영아 스스로 다양한 색상의 물감이 들어 있는 스포이트를 눌러 보라고 한다.
- 수행되면 교사가 스포이트에 다양한 색상의 물감을 넣어 제시한다.
- 교사가 다양한 색상의 물감이 들어 있는 스포이트를 눌러 화장 솜을 물들이는 시범을 보인다.
- 영아에게 교사를 모방하여 다양한 색상의 물감이 들어 있는 스포이트를 눌러 화장 솜을 물들여 보라고 한다.
- 물들이지 못하면 교사가 영아의 손을 잡고 다양한 색상의 물감이 들어 있는 스포이트를 눌러 화장 솜을 물들여 준다.
- 교사가 스포이트를 잡은 영아의 손을 화장 솜에 대 준 후 영아에게 물들여 보라고 한다.
- 물들이지 못하면 교사가 영아의 손을 잡고 다양한 색상의 물감이 들어 있는 스포이트를 눌러 화장 솜을 물들여 주는 동작을 반복해 준다.
- 교사가 화장 솜을 가리키며 영아에게 스포이트를 눌러 물들여 보라고 한다.
- 도움을 점차 줄여 간다.
- 수행되면 영아 스스로 다양한 색상의 물감이 들어 있는 스포이트를 눌러 화장 솜을 물들여 보라고 한다.
- 수행되면 영아의 특성에 맞는 적절한 강화제를 제공한다.

☞ 스포이트로 화장 솜 물들이기가 수행되면 보드펜이나 매직펜으로 화장 솜 물들이기를 같은 방법으로 지도해도 영아가 재미있어한다.

3~4
세

분홍색 물들이기

분홍색 물들이기

분홍색 물들이기

초록색 물들이기

초록색 물들이기

펜으로 물들이기

* 사진 출처: 렁 트리오 재구성

자석으로 마음대로 모양 만들기

목표 | 자석으로 마음대로 모양을 만들 수 있다.

자료 | 자석 칠판, 자석, 강화제

방법 ❶

- 교사가 자석 칠판에 자석으로 마음대로 모양을 만드는 시범을 보인다.
- 영아에게 교사를 모방하여 자석 칠판에 자석으로 마음대로 모양을 만들어 보라고 한다.
- 수행되면 영아 스스로 자석 칠판에 자석으로 마음대로 모양을 만들어 보라고 한다.
- 수행되면 영아의 특성에 맞는 적절한 강화제를 제공한다.

방법 ❷

- 교사가 자석 칠판에 자석으로 마음대로 모양을 만드는 시범을 보인다.
- 영아에게 교사를 모방하여 자석 칠판에 자석으로 마음대로 모양을 만들어 보라고 한다.
- 만들지 못하면 교사가 영아의 손을 잡고 자석 칠판에 자석으로 마음대로 모양을 만들어 준다.
- 교사가 영아의 손을 잡고 자석 칠판에 자석으로 마음대로 모양을 만들어 주다가 영아에게 만들어 보라고 한다.
- 만들지 못하면 교사가 영아의 손을 잡고 자석 칠판에 자석으로 마음대로 모양을 만들어 주는 동작을 반복해 준다.
- 교사가 자석을 가리키며 영아에게 마음대로 모양을 만들어 보라고 한다.
- 도움을 점차 줄여 간다.

- 수행되면 영아 스스로 자석 칠판에 자석으로 마음대로 모양을 만들어 보라고 한다.
- 수행되면 영아의 특성에 맞는 적절한 강화제를 제공한다.

72 폼페인트 물감 놀이   `3~4세`

목표 | 폼페인트 물감 놀이를 할 수 있다.

자료 | 다양한 색깔의 폼페인트 물감, 납작구슬, 트레이, 강화제

방법 ❶

- 교사가 트레이에 다양한 색깔의 폼페인트를 여러 곳에 펌핑해 준 후 첫 번째 폼페인트 앞에 납작구슬을 놓아 준다.
- 교사가 납작구슬을 폼페인트 속으로 넣어 여러 곳에 펌핑해 준 폼페인트를 통과하면서 길을 만드는 시범을 보인다.
- 영아에게 교사를 모방하여 납작구슬을 폼페인트 속으로 넣어 여러 곳에 펌핑해 준 폼페인트를 통과하면서 길을 만들어 보라고 한다.
- 수행되면 영아 스스로 납작구슬을 폼페인트 속으로 넣어 여러 곳에 펌핑해 준 폼페인트를 통과하면서 길을 만들어 보라고 한다.
- 수행되면 영아의 특성에 맞는 적절한 강화제를 제공한다.

방법 ❷

- 교사가 트레이에 다양한 색깔의 폼페인트를 여러 곳에 펌핑해 준 후 첫 번째 폼페인트 앞에 납작구슬을 놓아 준다.
- 교사가 납작구슬을 폼페인트 속으로 넣어 여러 곳에 펌핑해 준 폼페인트를 통과하면서 길을 만드는 시범을 보인다.

- 영아에게 교사를 모방하여 납작구슬을 폼페인트 속으로 넣어 여러 곳에 펌핑해 준 폼페인트를 통과하면서 길을 만들어 보라고 한다.
- 만들지 못하면 교사가 영아의 손을 잡고 납작구슬을 폼페인트 속으로 넣어 여러 곳에 펌핑해 준 폼페인트를 통과하면서 길을 만들어 준다.
- 교사가 영아의 손을 납작구슬 위에 대 준 후 영아에게 납작구슬을 폼페인트 속으로 넣어 여러 곳에 펌핑해 준 폼페인트를 통과하면서 길을 만들어 보라고 한다.
- 만들지 못하면 교사가 영아의 손을 잡고 납작구슬을 폼페인트 속으로 넣어 여러 곳에 펌핑해 준 폼페인트를 통과하면서 길을 만들어 주는 동작을 반복해 준다.
- 교사가 첫 번째 폼페인트 앞에 있는 납작구슬을 가리키며 영아에게 폼페인트 속으로 넣어 여러 곳에 펌핑해 준 폼페인트를 통과하면서 길을 만들어 보라고 한다.
- 도움을 점차 줄여 간다.
- 수행되면 영아 스스로 납작구슬을 폼페인트 속으로 넣어 여러 곳에 펌핑해 준 폼페인트를 통과하면서 길을 만들어 보라고 한다.
- 수행되면 영아의 특성에 맞는 적절한 강화제를 제공한다.

3~4
세

☞ 수행되면 확장 놀이로 사진처럼 폼페인트 물감 앞에 여러 개의 납작구슬을 놓아 주어 길을 만들게 하거나 폼페인트 위에 구슬을 놓는 놀이를 지도해도 영아들이 흥미로워한다.

폼페인트

교사가 폼페인트 펌핑해 주기

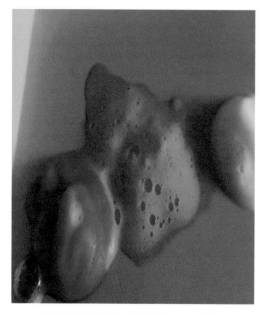

폼페인트 물감 앞에 납작구슬 놓아 주기

납작구슬을 폼페인트 속으로 넣어 통과하기

납작구슬로 길 만들기

폼페인트 물감 앞에 여러 개의 납작구슬 놓아 주기

여러개의 납작구슬로 길 만들기

폼페인트 위에 구슬 놓기

* 사진 출처: 렁 트리오 재구성

73 비누 거품 그림 그리기

목표 | 비누 거품으로 그림을 그릴 수 있다.
자료 | 비누 용액, 식용 색소, 커피 컵, 빨대, 도화지, 강화제

방법 ❶

- 교사가 커피 컵에 비누 용액과 식용 색소를 섞어 빨대와 함께 제시한다.
- 교사가 빨대를 불어 비누 거품을 낸 후 도화지에 거품으로 그림을 그리는 시범을 보인다.
- 영아에게 교사를 모방하여 빨대를 불어 비누 거품을 낸 후 도화지에 거품으로 그림을 그려 보라고 한다.
- 수행되면 영아 스스로 빨대를 불어 비누 거품을 낸 후 도화지에 거품으로 그림을 그려 보라고 한다.
- 수행되면 영아의 특성에 맞는 적절한 강화제를 제공한다.

방법 ❷

- 교사가 커피 컵에 비누 용액과 식용 색소를 섞어 빨대와 함께 제시한다.
- 교사가 빨대를 불어 거품을 내는 시범을 보인다.
- 영아에게 교사를 모방하여 빨대를 불어 거품을 내 보라고 한다.
- 거품을 내지 못하면 교사가 영아의 입에 빨대를 대 준 후 거품을 내게 해 준다.
- 교사가 빨대를 입술로 문 후 영아의 손에 빨대의 끝을 대고 빨대를 불어 바람을 느끼게 해 준 다음 영아에게 빨대를 불어 거품을 내 보라고 한다.
- 거품을 내지 못하면 교사가 영아의 입에 빨대를 대 준 후 거품을 내는 동작을 반복해 준다.
- 도움을 점차 줄여 간다.

- 수행되면 영아 스스로 빨대를 불어 거품을 내 보라고 한다.
- 수행되면 교사가 빨대를 불어 비누 거품을 낸 후 도화지에 거품으로 그림을 그리는 시범을 보인다.
- 영아에게 교사를 모방하여 빨대를 불어 비누 거품을 낸 후 도화지에 거품으로 그림을 그려 보라고 한다.
- 그리지 못하면 교사가 영아에게 빨대로 거품을 내게 한 후 영아의 손을 잡고 거품으로 그림을 그려 준다.
- 교사가 영아에게 빨대로 거품을 내게 한 후 영아의 손을 잡고 거품으로 그림을 그려 주다가 영아 스스로 그려 보라고 한다.
- 그리지 못하면 교사가 영아에게 빨대로 거품을 내게 한 후 영아의 손을 잡고 거품으로 그림을 그리는 동작을 반복해 준다.
- 도움을 점차 줄여 간다.
- 수행되면 영아 스스로 빨대를 불어 비누 거품을 낸 후 도화지에 거품으로 그림을 그려 보라고 한다.
- 수행되면 영아의 특성에 맞는 적절한 강화제를 제공한다.

3~4
세

209

교사가 빨대를 불어 거품을 내는 시범 보이기

교사가 거품으로 그림을 그리는 시범 보이기

빨대를 불어 거품 내기

거품으로 그림 그리기

거품으로 그림 그리기

완성된 비누 거품 그림

* 사진 출처: 령 트리오 재구성

74 종이컵과 같은 색 스티커 붙이기 3~4세

목표 | 종이컵과 같은 색 스티커를 붙일 수 있다.

자료 | 다양한 색깔의 종이컵, 다양한 색깔의 스티커, 12색 사인펜, 전지, 테이프, 강화제

방법 ❶

- 교사가 전지에 다양한 색깔의 컵을 5cm 정도 간격으로 배열한 후 테이프로 고정 시킨다.
- 사인펜으로 컵과 같은 색깔의 길을 세로로 길게 여러 가지 모양으로 그린 다음 다양한 색깔의 스티커와 함께 제시한다.
- 교사가 컵과 같은 색깔로 그려진 길에 같은 색깔의 스티커를 붙이는 시범을 보인다.
- 영아에게 교사를 모방하여 컵과 같은 색깔로 그려진 길에 같은 색깔의 스티커를 붙여 보라고 한다.
- 수행되면 영아 스스로 컵과 같은 색깔로 그려진 길에 같은 색깔의 스티커를 붙여 보라고 한다.
- 수행되면 영아의 특성에 맞는 적절한 강화제를 제공한다.

3~4 세

방법 ❷

- 교사가 전지에 다양한 색깔의 컵을 5cm 정도 간격으로 배열한 후 테이프로 고정 시킨다.
- 사인펜으로 컵과 같은 색깔의 길을 세로로 길게 여러 가지 모양으로 그린 다음 다양한 색깔의 스티커와 함께 제시한다.
- 교사가 예를 들어 빨간색 컵과 같은 색깔로 그려진 길에 빨간색 스티커를 붙이는 시범을 보인다.

- 영아에게 교사를 모방하여 빨간색 컵과 같은 색깔로 그려진 길에 빨간색 스티커를 붙여 보라고 한다.
- 붙이지 못하면 교사가 영아의 손을 잡고 빨간색 컵과 같은 색깔로 그려진 길에 빨간색 스티커를 붙여 준다.
- 교사가 빨간색 스티커를 영아에게 준 다음 영아의 손을 빨간색 길에 대 준 후 붙여 보라고 한다.
- 붙이지 못하면 교사가 영아의 손을 잡고 빨간색 컵과 같은 색깔로 그려진 길에 빨간색 스티커를 붙이는 동작을 반복해 준다.
- 교사가 빨간색 스티커를 영아에게 준 다음 빨간색 컵과 같은 색깔로 그려진 길을 가리키며 영아에게 스티커를 붙여 보라고 한다.
- 수행되면 교사가 빨간색 스티커를 영아에게 준 다음 빨간색 길에 붙여 보라고 한다.
- 도움을 점차 줄여 간다.
- 수행되면 영아 스스로 빨간색 컵과 같은 색깔로 그려진 길에 빨간색 스티커를 붙여 보라고 한다.
- 수행되면 다른 다양한 색깔의 컵을 따라 그려진 길에 컵과 같은 색깔의 스티커를 붙이는 것도 빨간색 컵과 같은 색깔로 그려진 길에 빨간색 스티커를 붙이는 것과 같은 방법으로 지도한다.
- 수행되면 영아의 특성에 맞는 적절한 강화제를 제공한다.

☞ 전지에 컵을 고정시킬 때 테이프를 컵 밖으로 붙여 고정시키는 것보다 안에서 붙여 안으로 고정시키면 깔끔하다.

☞ 넓은 테이프를 길게 가로로 붙인 후 그 위에 각 색깔의 종이컵을 고정시키면 편리하다.

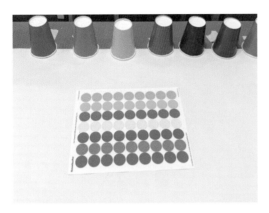

다양한 색깔 종이컵, 스티커, 전지 제시

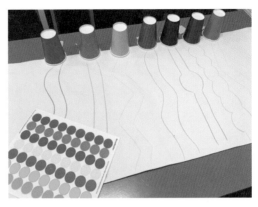

종이컵 고정 후 같은 색 길 그려 주기

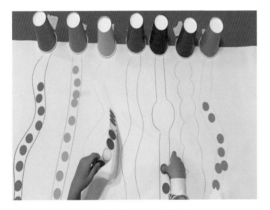

컵과 같은색 스티커 붙이기

컵과 같은색 스티커 붙이기

컵과 같은색 스티커 붙이기

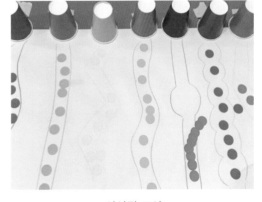

완성된 모양

* 사진 출처: 령 트리오 재구성

3~4
세

휴지 심으로 불꽃 모양 찍기

목표 | 휴지 심으로 불꽃 모양을 찍을 수 있다.

자료 | 휴지 심 여러 개, 다양한 색상의 물감, 색상지나 전지, 물, 붓, 일회용 접시, 가위, 강화제

방법 ❶

• 교사가 불꽃 모양으로 자른 휴지 심(사진 1 참조)과 함께 다양한 색상의 물감이 담긴 일회용 접시를 미리 제시한다.

• 교사가 일회용 접시에 담긴 물감을 불꽃 모양의 휴지 심에 묻혀 색상지나 전지에 찍는 시범을 보인다.

• 영아에게 교사를 모방하여 일회용 접시에 담긴 물감을 불꽃 모양의 휴지 심에 묻혀 색상지나 전지에 찍어 보라고 한다.

• 수행되면 영아 스스로 일회용 접시에 담긴 물감을 불꽃 모양의 휴지 심에 묻혀 색상지나 전지에 찍어 보라고 한다.

• 수행되면 교사가 일회용 접시에 담긴 다양한 색상의 물감을 불꽃 모양의 휴지 심에 묻혀 색상지나 전지에 찍는 것도 같은 방법으로 지도한다.

• 수행되면 영아의 특성에 맞는 적절한 강화제를 제공한다.

방법 ❷

• 교사가 불꽃 모양으로 자른 휴지 심(사진 1 참조)과 함께 다양한 색상의 물감이 담긴 일회용 접시를 미리 제시한다.

• 교사가 예를 들어 일회용 접시에 담긴 빨간색의 물감을 불꽃 모양의 휴지 심에 묻히는 시범을 보인다.

• 영아에게 교사를 모방하여 일회용 접시에 담긴 빨간색의 물감을 불꽃 모양의 휴

지 심에 묻혀 보라고 한다.

- 묻히지 못하면 교사가 영아의 손을 잡고 빨간색의 물감을 불꽃 모양의 휴지 심에 묻혀 준다.

- 교사가 영아와 함께 불꽃 모양의 휴지 심을 쥐고 빨간색의 물감에 대 준 후 영아에게 묻혀 보라고 한다.

- 묻히지 못하면 교사가 영아의 손을 잡고 빨간색의 물감을 불꽃 모양의 휴지 심에 묻혀 주는 동작을 반복해 준다.

- 교사가 빨간색의 물감을 가리키며 영아에게 불꽃 모양의 휴지 심에 묻혀 보라고 한다.

- 도움을 점차 줄여 간다.

- 수행되면 영아 스스로 일회용 접시에 담긴 빨간색의 물감을 불꽃 모양의 휴지 심에 묻혀 보라고 한다.

- 수행되면 교사가 빨간색의 물감이 묻힌 불꽃 모양의 휴지 심을 색상지나 전지에 찍는 시범을 보인다.

- 영아에게 교사를 모방하여 빨간색의 물감이 묻힌 불꽃 모양의 휴지 심을 색상지나 전지에 찍어 보라고 한다.

- 찍지 못하면 교사가 영아의 손을 잡고 빨간색의 물감이 묻힌 불꽃 모양의 휴지 심을 색상지나 전지에 찍어 준다.

- 교사가 불꽃 모양의 휴지 심을 쥐고 있는 영아의 손을 색상지나 전지에 대 준 후 영아에게 찍어 보라고 한다.

- 찍지 못하면 교사가 영아의 손을 잡고 빨간색의 물감이 묻힌 불꽃 모양의 휴지 심을 색상지나 전지에 찍어 주는 것을 반복해 준다.

- 교사가 색상지나 전지를 가리키며 영아에게 불꽃 모양의 휴지 심을 찍어 보라고 한다.

- 도움을 점차 줄여 간다.

- 수행되면 영아 스스로 빨간색의 물감이 묻힌 불꽃 모양의 휴지 심을 색상지나 전

지에 찍어 보라고 한다.

- 수행되면 교사가 일회용 접시에 담긴 다양한 색상의 물감을 불꽃 모양의 휴지 심에 묻혀 색상지나 전지에 찍는 것도 빨간색을 지도한 것과 같은 방법으로 지도한다.
- 수행되면 영아의 특성에 맞는 적절한 강화제를 제공한다.

교사가 휴지 심을 불꽃 모양으로 자르기

불꽃 모양으로 자른 휴지 심에 물감 묻히기

휴지 심으로 불꽃 모양 찍기

찍지 못하면 교사가 영아의 손을 잡고 찍어 주기

영아 스스로 찍기

영아 스스로 찍기

다양한 색상으로 찍기

완성된 모양

3~4
세

* 사진 출처: 령 트리오 재구성

76 또래 태운 끌차 끌기 3∼4세

목표 | 또래를 태운 끌차를 끌 수 있다.

자료 | 끌차, 강화제

방법 ❶

- 교사가 영아를 태운 끌차를 끄는 시범을 보인다.
- 영아에게 교사를 모방하여 또래를 태운 끌차를 끌어 보라고 한다.
- 수행되면 영아 스스로 또래를 태운 끌차를 끌어 보라고 한다.
- 수행되면 영아의 특성에 맞는 적절한 강화제를 제공한다.

방법 ❷

- 교사가 영아를 태운 끌차를 끄는 시범을 보인다.
- 영아에게 교사를 모방하여 또래를 태운 끌차를 끌어 보라고 한다.
- 끌지 못하면 교사가 영아의 손을 잡고 또래를 태운 끌차를 끌어 준다.
- 교사가 영아의 손을 잡고 또래를 태운 끌차를 끌어 주다가 영아에게 끌어 보라고 한다.
- 끌지 못하면 교사가 영아의 손을 잡고 또래를 태운 끌차를 끌어 주는 동작을 반복해 준다.
- 도움을 점차 줄여 간다.
- 수행되면 영아 스스로 또래를 태운 끌차를 끌어 보라고 한다.
- 수행되면 영아의 특성에 맞는 적절한 강화제를 제공한다.

교사가 영아를 태운 끌차 끄는 시범 보이기

교사가 영아의 손을 잡고 끌차 끌어 주기

또래 태우기

영아 스스로 끌차 끌기

3~4
세

219

2~3명의 또래와 놀기

목표 | 2~3명의 또래와 놀 수 있다.

자료 | 다양한 장난감, 강화제

방법 ❶

- 교사가 2~3명의 영아들과 예를 들어 색칠을 하거나 장난감을 가지고 노는 시범을 보인다.
- 영아에게 교사를 모방하여 2~3명의 영아들과 색칠을 하거나 장난감을 가지고 놀아 보라고 한다.
- 수행되면 영아 스스로 2~3명의 영아들과 색칠을 하거나 장난감을 가지고 놀아 보라고 한다.
- 수행되면 영아의 특성에 맞는 적절한 강화제를 제공한다.

방법 ❷

- 교사가 2~3명의 영아들과 예를 들어 색칠을 하거나 장난감을 가지고 노는 시범을 보인다.
- 영아에게 교사를 모방하여 2~3명의 영아들과 색칠을 하거나 장난감을 가지고 놀아 보라고 한다.
- 모방하지 못하면 교사가 영아의 손을 잡고 2~3명의 영아들과 색칠을 하거나 장난감을 가지고 놀게 해 준다.
- 교사가 2~3명의 영아들 가까이 영아를 데려다 준 후 색칠 용품이나 장난감을 가리키며 놀아 보라고 한다.
- 놀지 못하면 교사가 영아의 손을 잡고 2~3명의 영아들과 색칠을 하거나 장난감을 가지고 노는 동작을 반복해 준다.

- 도움을 점차 줄여 간다.
- 수행되면 영아 스스로 2~3명의 영아들과 색칠을 하거나 장난감을 가지고 놀아 보라고 한다.
- 수행되면 영아의 특성에 맞는 적절한 강화제를 제공한다.

방법 ❸

- 교사가 예를 들어 자동차가 내려갈 수 있는 경사로를 만들어 준 다음 2~3명의 영아들과 순서대로 자동차를 밀어 경사로를 내려가게 하며 노는 시범을 보인다.
- 영아에게 교사를 모방하여 2~3명의 영아들과 순서대로 자동차를 밀어 경사로를 내려가는 놀이를 해 보라고 한다.
- 모방하지 못하면 교사가 영아의 손을 잡고 2~3명의 영아들과 순서대로 자동차를 밀어 경사로를 내려가게 해 준다.
- 교사가 자동차에 영아의 손을 대 준 후 2~3명의 영아들과 순서대로 자동차를 밀어 경사로를 내려가는 놀이를 해 보라고 한다.
- 하지 못하면 교사가 영아의 손을 잡고 2~3명의 영아들과 순서대로 자동차를 밀어 경사로를 내려가게 하며 노는 것을 반복해 준다.
- 도움을 점차 줄여 간다.
- 수행되면 영아 스스로 2~3명의 영아들과 순서대로 자동차를 밀어 경사로를 내려가는 놀이를 해 보라고 한다.
- 수행되면 영아의 특성에 맞는 적절한 강화제를 제공한다.

3~4
세

78 탁구공 물감 놀이

목표 | 탁구공 물감 놀이를 할 수 있다.

자료 | 물감, 물통, 트레이, 탁구공 5개, 전지, 상자, 집게, 장난감 자동차, 강화제

방법 ❶

- 교사가 여러 개의 트레이에 다양한 색깔의 물감을 담아 제시한다.
- 교사가 풀어 놓은 물감에 탁구공을 굴린 후 집게로 집어 상자 안에 넣고 상자를 흔들어 탁구공을 굴리는 시범을 보인다.
- 교사가 풀어 놓은 물감에 탁구공을 굴린 후 집게로 집어 상자 안에 넣어 준 다음 영아에게 교사를 모방하여 상자를 흔들어 탁구공을 굴려 보라고 한다.
- 수행되면 교사가 풀어 놓은 물감에 탁구공을 굴린 후 집게로 집어 상자 안에 넣어 준 다음 영아 스스로 상자를 흔들어 탁구공을 굴려 보라고 한다.
- 수행되면 영아의 특성에 맞는 적절한 강화제를 제공한다.

방법 ❷

- 교사가 여러 개의 트레이에 다양한 색깔의 물감을 담아 제시한다.
- 교사가 풀어 놓은 물감에 탁구공을 굴린 후 집게로 집어 상자 안에 넣고 상자를 흔들어 탁구공을 굴리는 시범을 보인다.
- 교사가 풀어 놓은 물감에 탁구공을 굴린 후 집게로 집어 상자 안에 넣어 준 다음 영아에게 교사를 모방하여 상자를 흔들어 탁구공을 굴려 보라고 한다.
- 모방하지 못하면 교사가 풀어 놓은 물감에 탁구공을 굴린 후 집게로 집어 상자 안에 넣어 준 다음 영아의 손을 잡고 상자를 흔들어 탁구공을 굴려 준다.
- 교사가 영아의 손을 상자에 대 준 후 영아에게 상자를 흔들어 탁구공을 굴려 보라고 한다.

- 굴리지 못하면 교사가 영아의 손을 잡고 상자를 흔들어 탁구공을 굴리는 동작을 반복해 준다.
- 도움을 점차 줄여 간다.
- 수행되면 교사가 풀어 놓은 물감에 탁구공을 굴린 후 집게로 집어 상자 안에 넣어 준 다음 영아 스스로 상자를 흔들어 탁구공을 굴려 보라고 한다.
- 수행되면 영아의 특성에 맞는 적절한 강화제를 제공한다.

☞ 탁구공 물감 놀이는 사회성 증진뿐만 아니라 정서적 이완을 느낄 수 있으므로 특히 정서적으로 문제가 있는 장애 영아들에게는 매우 유용한 놀이이다.

☞ 탁구공 물감 놀이는 놀이를 통해 자연스럽게 색 변별력도 키워 줄 수 있다.

☞ 탁구공 대신 구슬(납작구슬)을 활용해도 무방하다.

☞ 교사가 다른 교사 및 영아와 함께 큰 종이의 네 귀퉁이를 함께 들고 물감이 묻은 탁구공이 밖으로 나가지 않도록 움직이면서 굴리면 더욱 신나고 재미있게 확장 놀이를 할 수 있다.

☞ 장난감 자동차 바퀴에 물감을 묻혀 종이 위에서 굴려 보는 놀이를 해도 영아가 매우 재미있어한다. 이때 교사가 영아와 교대로 각각 다른 색깔의 물감을 묻혀 종이 위에 굴리면서 색깔을 자연스럽게 지도할 수 있다.

☞ 여러 개의 트레이에 풀어 놓은 물감을 영아 및 교사의 발에 묻힌 다음 전지 위에 올라가 교사가 영아의 손을 잡고 같이 발바닥 찍기 놀이를 해도 된다.

트레이에 다양한 색깔의 물감 제시

탁구공을 굴려 물감 묻히는 시범

교사가 탁구공을 집게로 상자에 옮겨 주기

교사가 탁구공을 상자에 넣고 흔드는 시범

영아에게 탁구공을 좋아하는 물감에
넣어 보라고 하기

교사가 영아가 물감에 넣은 탁구공을 꺼내어
상자에 넣어 주기

영아가 탁구공을 손으로 꺼내어
상자 안에 넣기

영아에게 상자 흔들게 하기

상자를 흔들지 못하면 교사가
같이 흔들어 주기

필요시 강화제 제공

탁구공 대신 구슬 사용하기

네 귀퉁이 잡고 탁구공 굴리기

자동차 바퀴에 물감 묻혀 전지에 굴리기

발바닥에 물감 묻혀 전지에 찍기

스티커와 폼폼이 색깔 맞추기

목표 │ 계란판에 스티커와 같은 색깔의 폼폼이를 넣을 수 있다.

자료 │ 계란판, 다양한 색깔의 폼폼이, 다양한 색깔의 큰 스티커, 에디슨젓가락(안전 젓
가락), 강화제

방법 ❶

- 교사가 계란판에 다양한 색깔의 스티커를 붙인 후 에디슨젓가락(안전 젓가락)으로
스티커와 같은 색깔의 폼폼이를 넣는 시범을 보인다.

- 교사가 계란판에 다양한 색깔의 스티커를 붙여 준 후 영아에게 에디슨젓가락으로
스티커와 같은 색깔의 폼폼이를 넣어 보라고 한다.

- 수행되면 교사가 계란판에 다양한 색깔의 스티커를 붙여 준 후 영아 스스로 에디
슨젓가락으로 스티커와 같은 색깔의 폼폼이를 넣어 보라고 한다.

- 수행되면 영아의 특성에 맞는 적절한 강화제를 제공한다.

방법 ❷

- 교사가 계란판에 다양한 색깔의 스티커를 붙인 후 에디슨젓가락(안전 젓가락)으로
스티커와 같은 색깔의 폼폼이를 넣는 시범을 보인다.

- 교사가 계란판에 다양한 색깔의 스티커를 붙여 준 후 영아에게 교사를 모방하여
에디슨젓가락으로 계란판의 스티커와 같은 색깔의 폼폼이를 넣어 보라고 한다.

- 넣지 못하면 교사가 영아의 손을 잡고 에디슨젓가락으로 계란판의 스티커와 같은
색깔의 폼폼이를 넣어 준다.

- 교사가 영아의 손을 잡고 에디슨젓가락으로 스티커와 같은 색깔의 폼폼이를 집어
준 후 영아에게 계란판에 넣어 보라고 한다.

- 넣지 못하면 교사가 영아의 손을 잡고 에디슨젓가락으로 계란판의 스티커와 같은

색깔의 폼폼이를 넣어 주는 동작을 반복해 준다.

- 수행되면 교사가 스티커와 같은 색깔의 폼폼이를 가리키며 영아에게 계란판에 넣어 보라고 한다.
- 도움을 점차 줄여 간다.
- 수행되면 영아 스스로 에디슨젓가락으로 계란판의 스티커와 같은 색깔의 폼폼이를 넣어 보라고 한다.
- 수행되면 영아의 특성에 맞는 적절한 강화제를 제공한다.

☞ 에디슨 젓가락을 사용하기 힘들어하면 손으로 폼폼이를 집어 계란판에 넣도록 지도해도 무방하다.

☞ 스티커와 같은 색깔의 폼폼이를 계란판에 넣기 힘들어하면 예를들어 계란판에 빨간색의 스티커만 붙여 준 후 빨간색 폼폼이를 넣게 지도하고 수행되면 노란색을 지도한 후 빨간색과 노란색을 같이 지도하는 방법으로 점차 색깔을 늘려 가면 된다.

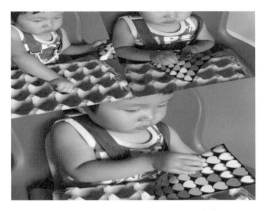

교사가 계란판에 스티커 붙여 제시

붙여진 스티커와 같은 색깔 폼폼이 고르기

계란판에 스티커와 같은 색깔 폼폼이 넣기

계란판에 스티커와 같은 색깔 폼폼이 넣기

3~4
세

계란판에 스티커와 같은 색깔 폼폼이 넣기

완성된 계란판

* 사진 출처: 렁 트리오 재구성

229

물에 뜨는 것과 가라앉는 것 잡기

목표 | 물에 뜨는 것과 가라앉는 것을 잡을 수 있다.

자료 | 통, 물, 물에 뜨는 것과 가라앉는 다양한 장난감, 강화제

방법 ❶

- 교사가 물에 뜨는 것을 잡는 시범을 보인다.
- 영아에게 교사를 모방하여 물에 뜨는 것을 잡으라고 하고 교사도 물에 뜨는 것을 잡는다.
- 수행되면 영아 스스로 물에 뜨는 것을 잡아 보라고 한다.
- 수행되면 교사가 물에 가라앉는 것을 잡는 시범을 보인다.
- 영아에게 교사를 모방하여 물에 가라앉는 것을 잡으라고 하고 교사도 물에 가라앉는 것을 잡는다.
- 수행되면 영아 스스로 물에 가라앉는 것을 잡아 보라고 한다.
- 수행되면 영아의 특성에 맞는 적절한 강화제를 제공한다.

방법 ❷

- 교사가 예를 들어 물에 뜨는 것을 잡는 시범을 보인다.
- 영아에게 교사를 모방하여 물에 뜨는 것을 잡으라고 하고 교사도 물에 뜨는 것을 잡는다.
- 잡지 못하면 교사가 영아의 손을 잡고 물에 뜨는 것을 잡아 준다.
- 교사가 영아의 손을 잡고 물에 뜨는 것을 잡아 주다가 영아에게 잡아 보라고 한다.
- 잡지 못하면 교사가 영아의 손을 잡고 물에 뜨는 것을 잡는 동작을 반복해 준다.
- 교사가 물에 뜨는 것을 가리키며 영아에게 잡아 보라고 한다.
- 도움을 점차 줄여 간다.

- 수행되면 영아 스스로 물에 뜨는 것을 잡아 보라고 한다.
- 수행되면 교사가 물에 가라앉는 것을 잡는 시범을 보인다.
- 영아에게 교사를 모방하여 물에 가라앉는 것을 잡으라고 하고 교사도 물에 가라앉는 것을 잡는다.
- 잡지 못하면 물에 뜨는 것을 잡을 수 있도록 지도한 것과 같은 방법으로 지도한다.
- 수행되면 영아 스스로 물에 가라앉는 것을 잡아 보라고 한다.
- 수행되면 영아의 특성에 맞는 적절한 강화제를 제공한다.

☞ 물에 뜨는 것이나 혹은 가라앉는 것을 누가 빨리 잡는지 경주해도 재미있다.

☞ 교사와 영아가 서로 물에 뜨는 것과 가라앉는 것을 누가 잡을지를 정해 경주해도 재미있는 놀이가 된다.

81 붕붕차 타기 3~4세

목표 | 붕붕차를 탈 수 있다.
자료 | 붕붕차, 강화제

방법 ❶
- 교사가 붕붕차를 타고 발로 바닥을 밀면서 이동하는 시범을 보인다.
- 영아에게 교사를 모방하여 붕붕차를 타고 발로 바닥을 밀면서 이동해 보라고 한다.
- 수행되면 영아 스스로 붕붕차를 타고 발로 바닥을 밀면서 이동해 보라고 한다.
- 수행되면 영아의 특성에 맞는 적절한 강화제를 제공한다.

- 교사가 붕붕차를 타고 발로 바닥을 밀면서 이동하는 시범을 보인다.
- 영아에게 교사를 모방하여 붕붕차를 타고 발로 바닥을 밀면서 이동해 보라고 한다.
- 이동하지 못하면 교사가 영아를 붕붕차에 앉혀 손잡이를 잡게 한 후 영아의 한쪽 발을 잡고 바닥을 밀면서 이동하게 해 준다.
- 교사가 영아를 붕붕차에 앉혀 손잡이를 잡게 한 후 영아의 한쪽 발을 잡고 바닥을 밀면서 이동하게 해 주다가 영아 스스로 이동해 보라고 한다.
- 이동하지 못하면 교사가 영아를 붕붕차에 앉혀 손잡이를 잡게 한 후 영아의 한쪽 발을 잡고 바닥을 밀면서 이동하는 동작을 반복해 준다.
- 교사가 영아를 붕붕차에 앉혀 손잡이를 잡게 한 후 영아의 한쪽 발을 잡고 바닥에 대 준 후 영아에게 발로 바닥을 밀면서 이동해 보라고 한다.
- 교사가 영아를 붕붕차에 앉혀 손잡이를 잡게 한 후 영아의 등을 살짝 밀어 주면서 이동해 보라고 한다.
- 도움을 점차 줄여 간다.
- 수행되면 영아 스스로 붕붕차를 타고 발로 바닥을 밀면서 이동해 보라고 한다.
- 수행되면 영아의 특성에 맞는 적절한 강화제를 제공한다.

붕붕차 잡고 타기

교사가 옆에서 한쪽 발을 잡고 밀어 주기

교사가 영아의 발을 바닥에 대 주기

영아 스스로 타기

82 두부로 동그랗게 반죽 빚기 3~4세

목표 | 두부 반죽으로 동그라미 모양을 빚을 수 있다.
자료 | 두부, 물, 밀가루, 강화제

방법 ❶

- 교사가 두부에 물과 밀가루를 넣어 반죽을 만들어 제시한다.
- 교사가 두부 반죽으로 동글동글 동그라미 모양을 빚는 시범을 보인다.
- 영아에게 교사를 모방하여 두부 반죽으로 동글동글 동그라미 모양을 빚어 보라고 한다.
- 수행되면 영아 스스로 두부 반죽으로 동글동글 동그라미 모양을 빚어 보라고 한다.
- 수행되면 영아의 특성에 맞는 적절한 강화제를 제공한다.

방법 ❷

- 교사가 두부에 물과 밀가루를 넣어 반죽을 만들어 제시한다.
- 교사가 두부 반죽으로 동글동글 동그라미 모양을 빚는 시범을 보인다.
- 영아에게 교사를 모방하여 두부 반죽으로 동글동글 동그라미 모양을 빚어 보라고 한다.
- 빚지 못하면 교사가 영아의 손을 잡고 두부 반죽으로 동글동글 동그라미 모양을 빚어 준다.
- 교사가 영아의 손을 잡고 두부 반죽으로 동글동글 동그라미 모양을 빚어 주다가 영아에게 빚어 보라고 한다.
- 빚지 못하면 교사가 영아의 손을 잡고 두부 반죽으로 동글동글 동그라미 모양을 빚어 주는 동작을 반복해 준다.

- 교사가 영아의 손에 두부 반죽을 올려 준 후 동글동글 동그라미 모양을 빚어 보라고 한다.
- 도움을 점차 줄여 간다.
- 수행되면 영아 스스로 두부 반죽으로 동글동글 동그라미 모양을 빚어 보라고 한다.
- 수행되면 영아의 특성에 맞는 적절한 강화제를 제공한다.

☞ 두부 반죽을 동글동글 빚는 것은 소근육 발달을 도우며 촉각과 후각을 발달시킬 수 있는 재미있는 놀이 중 하나이다.

☞ 영아의 상태에 따라 동그랗게 반죽을 빚는 것 외에도 네모, 세로 등 다양한 모양으로 빚게 지도할 수 있다. 그리고 동그랗게 빚는 것을 힘들어하는 영아의 경우 마음대로 모양을 만들 수 있도록 지도하면 된다.

83 스펀지로 물 옮기기 　3~4세

목표 | 스펀지로 물을 옮길 수 있다.
자료 | 스펀지, 트레이, 용기 두 개, 강화제

방법 ❶
- 교사가 트레이에 두 개의 용기와 스펀지를 올려 제시한다.
- 교사가 작은 용기에 물을 부은 후 물에 스펀지를 담근 다음 젖은 스펀지를 큰 용기에 옮겨 물을 짜는 시범을 보인다.
- 교사가 작은 용기에 물을 부어 준 후 영아에게 교사를 모방하여 작은 용기에 스펀지를 담근 다음 젖은 스펀지를 큰 용기에 옮겨 물을 짜 보라고 한다.
- 수행되면 교사가 작은 용기에 물을 부어 준 후 영아 스스로 물에 스펀지를 담근

다음 젖은 스펀지를 큰 용기에 옮겨 물을 짜 보라고 한다.
- 수행되면 영아의 특성에 맞는 적절한 강화제를 제공한다.

방법 ❷
- 교사가 트레이에 두 개의 용기와 스펀지를 올려 제시한다.
- 교사가 작은 용기에 물을 부은 후 물에 스펀지를 적시는(담그는) 시범을 보인다.
- 교사가 작은 용기에 물을 부어 준 후 영아에게 교사를 모방하여 작은 용기의 물에 스펀지를 적셔 보라고 한다.
- 적시지 못하면 교사가 영아의 손을 잡고 작은 용기의 물에 스펀지를 적셔 준다.
- 교사가 스펀지를 쥔 영아의 손을 작은 용기에 대 준 후 영아에게 적셔 보라고 한다.
- 적시지 못하면 교사가 영아의 손을 잡고 작은 용기의 물에 스펀지를 적시는 동작을 반복해 준다.
- 교사가 작은 용기를 가리키며 영아에게 스펀지를 물에 적셔 보라고 한다.
- 도움을 점차 줄여 간다.
- 수행되면 영아 스스로 작은 용기의 물에 스펀지를 적셔 보라고 한다.
- 수행되면 교사가 젖은 스펀지를 큰 용기에 옮겨 물을 짜는 시범을 보인다.
- 영아에게 교사를 모방하여 젖은 스펀지를 큰 용기에 옮겨 물을 짜 보라고 한다.
- 짜지 못하면 교사가 영아의 손을 잡고 젖은 스펀지를 큰 용기에 옮겨 물을 짜 준다.
- 교사가 영아의 손을 잡고 젖은 스펀지를 큰 용기에 옮겨 물을 짜 주다가 영아에게 짜 보라고 한다.
- 짜지 못하면 교사가 영아의 손을 잡고 젖은 스펀지를 큰 용기에 옮겨 물을 짜 주는 동작을 반복해 준다.
- 교사가 영아의 손을 잡고 젖은 스펀지를 큰 용기에 옮겨 준 후 영아에게 물을 짜 보라고 한다.
- 수행되면 교사가 큰 용기를 가리키며 영아에게 물을 짜 보라고 한다.
- 도움을 점차 줄여 간다.

• 수행되면 영아 스스로 젖은 스펀지를 큰 용기에 옮겨 물을 짜 보라고 한다.

• 수행되면 영아의 특성에 맞는 적절한 강화제를 제공한다.

교사가 작은 용기의 물에 스펀지를 담그는 시범

교사가 적신 스펀지를 큰 용기에 옮기는 시범

옮긴 스펀지를 짜는 시범

교사가 작은 용기에 물 부어 주기

3~4
세

영아가 작은 용기의 물에 스펀지 담그기

물 묻은 스펀지를 큰 용기로 옮겨서 물 짜기

영아가 작은 용기에 스펀지 담그기

물 묻은 스펀지를 큰 용기로 옮겨서 물 짜기

* 사진 출처: 령 트리오 재구성

84 10분 이상 다른 영아들과 놀기 3~4세

목표 | 10분 이상 다른 영아들과 놀 수 있다.

자료 | 다양한 장난감, 강화제

방법 ❶

- 교사가 10분 이상 다른 영아들과 노는 시범을 보인다.
- 영아에게 교사를 모방하여 10분 이상 다른 영아들과 놀아 보라고 한다.
- 수행되면 영아 스스로 10분 이상 다른 영아들과 놀아 보라고 한다.
- 수행되면 영아의 특성에 맞는 적절한 강화제를 제공한다.

방법 ❷

- 교사가 예를 들어 인형을 자동차에 태워 밀면서 10분 이상 다른 영아들과 노는 시범을 보인다.
- 영아에게 교사를 모방하여 인형을 자동차에 태워 밀면서 10분 이상 다른 영아들과 놀아 보라고 한다.
- 놀지 못하면 교사가 영아의 손을 잡고 인형을 자동차에 태워 밀면서 10분 이상 다른 영아들과 놀게 해 준다.
- 교사가 영아의 손을 잡고 인형을 자동차에 태워 준 후 5분 이상 다른 영아들과 놀아 보라고 한다.
- 놀지 못하면 교사가 영아의 손을 잡고 인형을 자동차에 태워 밀면서 10분 이상 다른 영아들과 노는 행동을 반복해 준다.
- 도움을 점차 줄여 간다.
- 수행되면 영아 스스로 인형을 자동차에 태워 밀면서 10분 이상 다른 영아들과 놀아 보라고 한다.
- 수행되면 영아의 특성에 맞는 적절한 강화제를 제공한다.

85 계란판 화장 솜에 물감 들이기 3~4세

목표 | 계란판 화장 솜에 물감을 들일 수 있다.
자료 | 계란판, 화장 솜, 스포이트, 다양한 색상의 물감, 강화제

방법 ❶

- 교사가 스포이트에 다양한 색상의 물감을 넣어 제시한다.
- 교사가 계란판에 화장 솜을 넣은 후 다양한 색상의 물감이 들어 있는 스포이트로 화장 솜을 물들이는 시범을 보인다.
- 영아에게 교사를 모방하여 계란판에 화장 솜을 넣은 후 다양한 색상의 물감이 들어 있는 스포이트로 화장 솜을 물들여 보라고 한다.
- 수행되면 영아 스스로 계란판에 화장 솜을 넣은 후 다양한 색상의 물감이 들어 있는 스포이트로 화장 솜을 물들여 보라고 한다.
- 수행되면 영아의 특성에 맞는 적절한 강화제를 제공한다.

방법 ❷

- 교사가 계란판에 화장 솜을 넣는 시범을 보인다.
- 영아에게 교사를 모방하여 계란판에 화장 솜을 넣어 보라고 한다.
- 넣지 못하면 교사가 영아의 손을 잡고 계란판에 화장 솜을 넣어 준다.
- 교사가 영아의 손을 잡고 화장 솜을 집은 후 계란판에 넣어 보라고 한다.
- 넣지 못하면 교사가 영아의 손을 잡고 계란판에 화장 솜을 넣어 주는 동작을 반복해 준다.
- 교사가 화장 솜을 집은 영아의 손을 계란판에 대 준 후 영아에게 화장 솜을 넣어 보라고 한다.
- 수행되면 교사가 계란판을 가리키며 영아에게 화장 솜을 넣어 보라고 한다.

- 도움을 점차 줄여 간다.
- 수행되면 영아 스스로 계란판에 화장 솜을 넣어 보라고 한다.
- 수행되면 교사가 스포이트에 다양한 색상의 물감을 넣어 제시한다.
- 교사가 계란판에 들어 있는 화장 솜을 다양한 색상의 물감이 들어 있는 스포이트를 눌러 물들이는 시범을 보인다.
- 영아에게 교사를 모방하여 계란판에 들어 있는 화장 솜을 다양한 색상의 물감이 들어 있는 스포이트를 눌러 물들여 보라고 한다.
- 물들이지 못하면 교사가 영아의 손을 잡고 계란판에 들어 있는 화장 솜을 다양한 색상의 물감이 들어 있는 스포이트를 눌러 화장 솜을 물들여 준다.
- 교사가 스포이트를 잡은 영아의 손을 계란판에 들어 있는 화장 솜에 대 준 후 영아에게 물들여 보라고 한다.
- 물들이지 못하면 교사가 영아의 손을 잡고 계란판에 들어 있는 화장 솜을 다양한 색상의 물감이 들어 있는 스포이트를 눌러 화장 솜을 물들여 주는 동작을 반복해 준다.
- 교사가 계란판에 들어 있는 화장 솜을 가리키며 영아에게 물들여 보라고 한다.
- 도움을 점차 줄여 간다.
- 수행되면 영아 스스로 계란판에 들어 있는 화장 솜을 다양한 색상의 물감이 들어 있는 스포이트를 눌러 화장 솜을 물들여 보라고 한다.
- 수행되면 영아의 특성에 맞는 적절한 강화제를 제공한다.

3~4
세

계란판에 화장 솜 넣기

계란판에 화장 솜 넣기 완성

스포이트로 화장 솜 물들이기

스포이트로 화장 솜 물들이기 완성

* 사진 출처: 렁 트리오 재구성

86

색깔 컵에 같은 색 수정토 담기

목표 | 색깔 컵에 같은 색의 수정토를 담을 수 있다.
자료 | 다양한 색깔 컵, 다양한 색상의 수정토, 강화제

방법 ❶

- 교사가 색깔 컵에 같은 색의 수정토(예: 빨간색 컵에 빨간색 수정토)를 담는 시범을 보인다.
- 영아에게 교사를 모방하여 색깔 컵에 같은 색의 수정토를 담아 보라고 한다.
- 수행되면 영아 스스로 색깔 컵에 같은 색의 수정토를 담아 보라고 한다.
- 수행되면 영아의 특성에 맞는 적절한 강화제를 제공한다.

방법 ❷

- 교사가 예를 들어 빨간색 컵에 빨간색 수정토를 담는 시범을 보인다.
- 영아에게 교사를 모방하여 빨간색 컵에 빨간색 수정토를 담아 보라고 한다.
- 담지 못하면 교사가 영아의 손을 잡고 빨간색 컵에 빨간색 수정토를 담아 준다.
- 교사가 영아의 손을 빨간색 컵을 대 준 후 영아에게 빨간색 수정토를 담아 보라고 한다.
- 담지 못하면 교사가 영아의 손을 잡고 빨간색 컵에 빨간색 수정토를 담아 주는 동작을 반복해 준다.
- 교사가 빨간색 컵 앞에 빨간색 수정토를 놓아 준 후 영아에게 담아 보라고 한다.
- 수행되면 교사가 빨간색 컵을 가리키며 영아에게 빨간색 수정토를 담아 보라고 한다.
- 도움을 점차 줄여 간다.
- 수행되면 영아 스스로 빨간색 컵에 빨간색 수정토를 담아 보라고 한다.

- 수행되면 교사가 예를 들어 노란색 컵에 노란색 수정토를 담는 시범을 보인다.
- 영아에게 교사를 모방하여 노란색 컵에 노란색 수정토를 담아 보라고 한다.
- 담지 못하면 빨간색 컵에 빨간색 수정토 담는 것을 지도한 것과 같은 방법으로 지도한다.
- 수행되면 각 색깔 컵에 같은 색의 수정토를 담는 것도 같은 방법으로 지도한다.
- 수행되면 영아의 특성에 맞는 적절한 강화제를 제공한다.

☞ 비닐에 담긴 수정토를 교사가 다른 용기에 담아 제시하거나 비닐 윗부분을 잘라서 제공해 주도록 한다.

☞ 컵과 같은 색깔의 수정토를 담는 것을 지도하기 전에 수정토를 충분히 탐색하는 시간(예: 수정토 흔들흔들 흔들어 보기, 수정토 만져 보기)을 가지도록 하면 효과적이다.

☞ 수정토는 개구리알, 워트비즈 등의 이름으로 불리며 시중에서 쉽게 구입할 수 있다.

수정토 탐색하기

흔들흔들 흔들면서 만져 보기

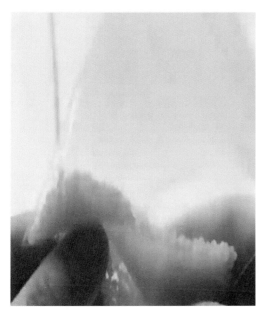

수정토 색상 알려 주기

색깔 컵에 같은 수정토 색상 놓아 보기

교사가 같은 색상의 컵에 수정토를 담는 시범

교사가 같은 색상의 컵에 수정토를 담는 시범

영아가 같은 색 컵에 같은 색 수정토 담기

영아가 같은 색 컵에 같은 색 수정토 담기

* 사진 출처: 령 트리오 재구성

246

87

색 모래 뿌려 풀 그림 완성하기　　3~4세

목표 | 색 모래를 뿌려 풀 그림을 완성할 수 있다.

자료 | 색 모래, 물약병이나 스포이트, 풀, 도화지(스케치북), 강화제

방법 ❶

• 교사가 물약병이나 스포이트에 다양한 색상의 색 모래를 담아 제시한다.

• 교사가 도화지(스케치북)에 마음대로 풀칠을 한 후 물약병에 들어 있는 색 모래를 뿌린 다음 잠시 있다가 색 모래를 털어 풀 그림이 완성되는 시범을 보인다.

• 영아에게 교사를 모방하여 도화지에 마음대로 풀칠을 한 후 물약병에 들어 있는 색 모래를 뿌린 다음 잠시 있다가 색 모래를 털어 풀 그림을 완성해 보라고 한다.

• 수행되면 영아 스스로 도화지에 마음대로 풀칠을 한 후 물약병에 들어 있는 색 모래를 뿌린 다음 잠시 있다가 색 모래를 털어 풀 그림을 완성해 보라고 한다.

• 수행되면 영아의 특성에 맞는 적절한 강화제를 제공한다.

방법 ❷

• 교사가 물약병이나 스포이트에 다양한 색상의 색 모래를 담아 제시한다.

• 교사가 도화지(스케치북)에 마음대로 풀칠을 하는 시범을 보인다.

• 영아에게 교사를 모방하여 도화지에 마음대로 풀칠을 해 보라고 한다.

• 하지 못하면 교사가 영아의 손을 잡고 도화지에 마음대로 풀칠을 해 준다.

• 교사가 영아의 손을 스케치북에 대 준 후 영아에게 마음대로 풀칠을 해 보라고 한다.

• 하지 못하면 교사가 영아의 손을 잡고 도화지에 마음대로 풀칠을 하는 동작을 반복해 준다.

• 교사가 스케치북을 가리키며 영아에게 도화지에 마음대로 풀칠을 해 보라고 한다.

3~4
세

- 도움을 점차 줄여 간다.
- 수행되면 영아 스스로 도화지에 마음대로 풀칠을 해 보라고 한다.
- 수행되면 교사가 도화지에 물약병에 들어 있는 색 모래를 뿌리는 시범을 보인다.
- 영아에게 교사를 모방하여 도화지에 물약병에 들어 있는 색 모래를 뿌려 보라고 한다.
- 뿌리지 못하면 도화지에 풀칠을 한 것과 같은 방법으로 지도한다.
- 수행되면 영아 스스로 도화지에 물약병에 들어 있는 색 모래를 뿌려 보라고 한다.
- 수행되면 교사가 도화지를 흔들거나 세워서 색 모래를 털어 풀 그림을 완성하는 시범을 보인다.
- 영아에게 교사를 모방하여 도화지를 흔들거나 세워서 색 모래를 털어 풀 그림을 완성해 보라고 한다.
- 하지 못하면 도화지에 풀칠을 한 것과 같은 방법으로 지도한다.
- 수행되면 영아 스스로 도화지를 흔들거나 세워서 색 모래를 털어 풀 그림을 완성해 보라고 한다.
- 수행되면 영아의 특성에 맞는 적절한 강화제를 제공한다.

☞ 도화지 대신 다양한 색 도화지를 사용해도 효과적이다.

☞ 물약병이나 스포이트 대신 여러 개의 그릇(용기 또는 플라스틱 통)에 다양한 색상의 색 모래를 담아 제시해도 무방하다.

☞ 모래 그림 완성 후 완성된 모래 그림을 손으로 만져 탐색할 수 있도록 하거나 모래 그림을 지도하기 전 모래를 만져 탐색할 수 있도록 하면 효과적이다.

☞ 수행되면 색 모래를 손으로 집어 뿌려서 풀 그림을 완성하도록 지도해도 된다.

도화지에 풀칠하기

색 모래 뿌리기

색 모래 뿌리기

색 모래 뿌리기

모래를 손으로 만져 보기

풀칠하기

손으로 모래 집어 뿌리기

완성된 모래 그림

＊사진 출처: 렁 트리오 재구성

88

베이킹 소다 놀이 3　　　　　　　　　　　 3~4세

목표 | 베이킹 소다를 이용한 놀이를 할 수 있다.

자료 | 색 베이킹 소다, 숟가락, 계란(달걀)판, 식초, 여러 개의 스포이트, 강화제

방법 ❶

- 교사가 다양한 색상의 베이킹 소다를 담아 영아에게 제시한다.
- 교사가 스포이트에 미리 식초를 넣어 제공한다.
- 교사가 숟가락으로 계란판에 베이킹 소다를 담는 시범을 보인다.
- 영아에게 교사를 모방하여 숟가락으로 계란판에 베이킹 소다를 담아 보라고 한다.
- 수행되면 영아 스스로 숟가락으로 계란판에 베이킹 소다를 담아 보라고 한다.
- 수행되면 교사가 스포이트로 베이킹 소다에 식초를 떨어뜨려 거품을 일으키는 시범을 보인다.
- 영아에게 교사를 모방하여 스포이트로 베이킹 소다에 식초를 떨어뜨려 거품을 일으켜 보라고 한다.
- 수행되면 영아 스스로 스포이트로 베이킹 소다에 식초를 떨어뜨려 거품을 일으켜 보라고 한다.
- 수행되면 영아의 특성에 맞는 적절한 강화제를 제공한다.

방법 ❷

- 교사가 다양한 색상의 베이킹 소다를 담아 영아에게 제시한다.
- 교사가 스포이트에 미리 식초를 넣어 제공한다.
- 교사가 숟가락으로 계란판에 베이킹 소다를 담는 시범을 보인다.
- 영아에게 교사를 모방하여 숟가락으로 계란판에 베이킹 소다를 담아 보라고 한다.
- 담지 못하면 교사가 영아의 손을 잡고 숟가락으로 계란판에 베이킹 소다를 담아

3~4
세

준다.

- 교사가 영아의 손을 잡고 숟가락으로 계란판에 베이킹 소다를 담아 주다가 영아에게 담아 보라고 한다.
- 담지 못하면 교사가 영아의 손을 잡고 숟가락으로 계란판에 베이킹 소다를 담는 동작을 반복해 준다.
- 도움을 점차 줄여 간다.
- 수행되면 영아 스스로 숟가락으로 계란판에 베이킹 소다를 담아 보라고 한다.
- 수행되면 교사가 스포이트로 베이킹 소다에 식초를 떨어뜨려 거품을 일으키는 시범을 보인다.
- 영아에게 교사를 모방하여 스포이트로 베이킹 소다에 식초를 떨어뜨려 거품을 일으켜 보라고 한다.
- 하지 못하면 교사가 계란판에 베이킹 소다를 담는 것을 지도한 것과 같은 방법을 지도한다.
- 수행되면 영아 스스로 스포이트로 베이킹 소다에 식초를 떨어뜨려 거품을 일으켜 보라고 한다.
- 수행되면 영아의 특성에 맞는 적절한 강화제를 제공한다.

☞ 수행되면 계란판 외에도 과일 담은(예: 키위 혹은 무화과 담은 플라스틱 과일 판) 플라스틱 판 등을 활용해서 놀이를 확장시켜 주면 된다.

☞ 색 베이킹 소다(65. 색 베이킹 소다 만들기 참고)를 미리 만들어 놓고 사용하면 편리하다. 없을 경우 베이킹 소다에 물감을 섞어 만들어 사용하도록 한다.

다양한 색 베이킹 소다 제공

교사가 계란판에 색 베이킹 소다 넣는 시범

3~4
세

교사가 계란판에 색 베이킹 소다 넣는 시범

영아가 계란판에 색 베이킹 소다 넣기

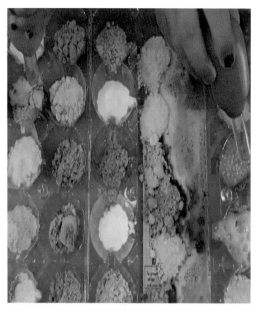

교사가 스포이트로 식초 떨어뜨리는 시범

영아가 스포이트로 식초 떨어뜨리기

부풀어 오르는 색 베이킹 소다

부풀어 오르는 색 베이킹 소다

* 사진 출처: 렁 트리오 재구성

89 소리 나는 신발 신고 경주하기

목표 | 소리 나는 신발을 신고 경주를 할 수 있다.

자료 | 소리 나는 신발, 도착점, 강화제

방법 ❶

- 교사가 유아와 함께 소리 나는 신발을 신고 도착점까지 빨리 걸어 경주하는 시범을 보인다.
- 교사가 영아에게 소리 나는 신발을 신겨 준 후 유아를 모방하여 교사와 함께 도착점까지 빨리 걸어 경주를 해 보자고 한다.
- 수행되면 영아 스스로 교사와 함께 도착점까지 빨리 걸어 경주를 해 보자고 한다.
- 수행되면 영아의 특성에 맞는 적절한 강화제를 제공한다.

방법 ❷

- 교사가 유아와 함께 소리 나는 신발을 신고 도착점까지 빨리 걸어 경주하는 시범을 보인다.
- 교사가 영아에게 소리 나는 신발을 신겨 준 후 유아를 모방하여 교사와 도착점까지 빨리 걸어 경주를 해 보자고 한다.
- 하지 못하면 다른 교사가 영아의 손을 잡고 교사와 도착점까지 빨리 걸어 경주를 할 수 있도록 해 준다.
- 도착점까지 교사와 영아 중 누가 빨리 걷는지 경주할 수 있도록 다른 교사가 영아의 손을 잡고 3/4까지 걸어 주다가 영아에게 빨리 걸어 경주를 해 보라고 한다.
- 경주하지 못하면 다른 교사가 영아의 손을 잡고 교사와 도착점까지 빨리 걸어 경주를 할 수 있도록 돕는 것을 반복해 준다.
- 수행되면 도착점까지 교사와 영아 중 누가 빨리 걷는지 경주할 수 있도록 다른 교

사가 영아의 손을 잡고 2/4까지 걸어 주다가 영아에게 빨리 걸어 경주를 해 보라고 한다.

- 수행되면 도착점까지 교사와 영아 중 누가 빨리 걷는지 경주할 수 있도록 다른 교사가 영아의 손을 잡고 1/4까지 걸어 주다가 영아에게 빨리 걸어 경주를 해 보라고 한다.
- 도움을 점차 줄여 간다.
- 수행되면 영아 스스로 교사와 함께 도착점까지 빨리 걸어 경주를 해 보라고 한다.
- 수행되면 영아의 특성에 맞는 적절한 강화제를 제공한다.

90 또래와 붕붕차 타기 `3～4세`

목표 | 또래와 붕붕차를 탈 수 있다.
자료 | 붕붕차, 강화제

방법 ❶

- 붕붕차를 타는 것은 수행하였으므로 확인한 후 지도한다.
- 교사가 다른 영아들과 붕붕차를 순서대로 타거나 함께 달리는 시범을 보인다.
- 영아에게 교사를 모방하여 또래들과 붕붕차를 순서대로 타거나 함께 달려 보라고 한다.
- 수행되면 영아 스스로 또래들과 붕붕차를 순서대로 타거나 함께 달려 보라고 한다.
- 수행되면 영아의 특성에 맞는 적절한 강화제를 제공한다.

방법 ❷

- 붕붕차를 타는 것은 수행하였으므로 확인한 후 지도한다.
- 교사가 다른 영아들과 예를 들어 붕붕차를 타고 함께 달리는 시범을 보인다.

- 영아에게 교사를 모방하여 또래들과 붕붕차를 타고 함께 달려 보라고 한다.
- 달리지 못하면 교사가 영아에게 붕붕차에 앉아 손잡이를 잡으라고 한 후 뒤에서 밀어 주면서 달리게 해 준다.
- 교사가 영아에게 붕붕차에 앉아 손잡이를 잡게 한 후 뒤에서 살짝 밀어 주면서 달려 보라고 한다.
- 달리지 못하면 교사가 영아에게 붕붕차에 앉아 손잡이를 잡으라고 한 후 뒤에서 밀어 주면서 달릴 수 있도록 반복해 준다.
- 도움을 점차 줄여 간다.
- 수행되면 영아 스스로 또래들과 붕붕차를 타고 함께 달려 보라고 한다.
- 수행되면 영아의 특성에 맞는 적절한 강화제를 제공한다.

☞ 자신이 운전을 하면서 스스로 만족감과 성취감을 느낄 수 있으며 또래 및 형제자매와 순서를 지키며 번갈아 타거나 기다리는 과정을 통해 질서 및 사회성을 키울 수 있다.

☞ 수행되면 또래들과 붕붕차를 타고 경주를 하도록 확장시켜 줄 수 있다.

3~4
세

여러 대의 붕붕차

영아가 또래들과 붕붕차 타고 달리기

교사가 붕붕차 뒤에서 밀어 주기

영아 스스로 또래들과 붕붕차 타고 달리기

붕붕차 순서대로 타기

붕붕차 타고 경주하기

모래로 산 모양 만들기　　　　　3~4세

목표 │ 모래로 산 모양을 만들 수 있다.

자료 │ 모래, 물, 강화제

방법 ❶

- 교사가 모래에 미리 물을 약간 부어 젖은 모래를 제공한다.
- 교사가 젖은 모래로 산 모양을 만드는 시범을 보인다.
- 영아에게 교사를 모방하여 젖은 모래로 산 모양을 만들어 보라고 한다.
- 수행되면 영아 스스로 젖은 모래로 산 모양을 만들어 보라고 한다.
- 수행되면 영아의 특성에 맞는 적절한 강화제를 제공한다.

방법 ❷

- 교사가 모래에 미리 물을 약간 부어 젖은 모래를 제공한다.
- 교사가 젖은 모래로 산 모양을 만드는 시범을 보인다.
- 영아에게 교사를 모방하여 젖은 모래로 산 모양을 만들어 보라고 한다.
- 만들지 못하면 교사가 영아의 손을 잡고 젖은 모래로 산 모양을 만들어 준다.
- 교사가 영아의 손을 잡고 젖은 모래로 산 모양을 만들어 주다가 영아에게 만들어 보라고 한다.
- 만들지 못하면 교사가 영아의 손을 잡고 젖은 모래로 산 모양을 만들어 주는 동작을 반복해 준다.
- 교사가 젖은 모래를 가리키며 영아에게 산 모양을 만들어 보라고 한다.
- 도움을 점차 줄여 간다.
- 수행되면 영아 스스로 젖은 모래로 산 모양을 만들어 보라고 한다.
- 수행되면 영아의 특성에 맞는 적절한 강화제를 제공한다.

92 난타 요리사가 돼 봐요

목표 │ 난타 요리사가 될 수 있다.

자료 │ 다양한 요리 기구, 나무젓가락, 강화제

방법 ❶

- 교사가 다양한 요리 기구(스테인리스 냄비, 양철 냄비, 냄비 뚜껑, 도마, 프라이팬 등)를 나무젓가락으로 북을 치듯 두드리거나 손바닥을 펴서 두들기는 시범을 보인다.
- 영아에게 교사를 모방하여 다양한 요리 기구를 나무젓가락으로 북을 치듯 두드리거나 손바닥을 펴서 두들겨 보라고 한다.
- 수행되면 영아 스스로 다양한 요리 기구를 나무젓가락으로 북을 치듯 두드리거나 손바닥을 펴서 두들겨 보라고 한다.
- 수행되면 영아의 특성에 맞는 적절한 강화제를 제공한다.

방법 ❷

- 교사가 예를 들어 다양한 요리 기구(스테인리스 냄비, 양철 냄비, 냄비 뚜껑, 도마, 프라이팬 등)를 나무젓가락으로 북을 치듯 두드리는 시범을 보인다.
- 영아에게 교사를 모방하여 다양한 요리 기구를 나무젓가락으로 북을 치듯 두들겨 보라고 한다.
- 두들기지 못하면 교사가 영아의 손을 잡고 다양한 요리 기구를 나무젓가락으로 북을 치듯 두들기게 해 준다.
- 교사가 영아의 손을 잡고 다양한 요리 기구를 나무젓가락으로 북을 치듯 두들기게 해 주다가 영아에게 두들겨 보라고 한다.
- 두들기지 못하면 교사가 영아의 손을 잡고 다양한 요리 기구를 나무젓가락으로 북을 치듯 두들기는 동작을 반복해 준다.

- 도움을 점차 줄여 간다.
- 수행되면 영아 스스로 다양한 요리 기구를 나무젓가락으로 북을 치듯 두들겨 보라고 한다.
- 수행되면 다양한 요리 기구를 손바닥을 펴서 두드리는 것도 같은 방법으로 지도한다.
- 수행되면 영아 스스로 다양한 요리 기구를 나무젓가락으로 북을 치듯 두드리거나 손바닥을 펴서 두들겨 보라고 한다.
- 수행되면 영아의 특성에 맞는 적절한 강화제를 제공한다.

☞ 스테인리스 냄비, 프라이팬 등 다양한 요리 도구를 두들기는 과정에서 영아의 청각이 발달될 수 있다. 그리고 나무젓가락으로 북을 치듯 두드리거나 손바닥을 펴서 두들기기도 하면서 재질과 두드리는 방법에 따라 각각 다른 소리가 난다는 것을 느낄 수 있다.

93 플레이콘 마음대로 붙이기 3~4세

목표 | 플레이콘을 마음대로 붙일 수 있다.
자료 | 플레이콘, 스펀지, 물, 강화제

방법 ❶
- 플레이콘을 창문에 붙이는 것은 먼저 수행하였으므로 확인한 후 시행한다.
- 교사가 스펀지에 미리 물을 부어 놓는다.
- 교사가 스펀지에 플레이콘을 찍어 플레이콘과 플레이콘을 마음대로 붙이는 시범을 보인다.
- 영아에게 교사를 모방하여 스펀지에 플레이콘을 찍어 마음대로 붙여 보라고 한다.
- 수행되면 영아 스스로 스펀지에 플레이콘을 찍어 마음대로 붙여 보라고 한다.

- 수행되면 영아의 특성에 맞는 적절한 강화제를 제공한다.

방법 ❷

- 플레이콘을 창문에 붙이는 것은 먼저 수행하였으므로 확인한 후 시행한다.
- 교사가 스펀지에 미리 물을 부어 놓는다.
- 교사가 스펀지에 플레이콘을 찍어 플레이콘과 플레이콘을 마음대로 붙이는 시범을 보인다.
- 영아에게 교사를 모방하여 스펀지에 플레이콘을 찍어 마음대로 붙여 보라고 한다.
- 붙이지 못하면 교사가 영아의 손을 잡고 스펀지에 플레이콘을 찍어 마음대로 붙여 준다.
- 교사가 영아의 손을 잡고 스펀지에 플레이콘을 찍어 마음대로 붙여 주다가 영아에게 붙여 보라고 한다.
- 붙이지 못하면 교사가 영아의 손을 잡고 스펀지에 플레이콘을 찍어 마음대로 붙이는 동작을 반복해 준다.
- 교사가 플레이콘을 가리키며 영아에게 마음대로 붙여 보라고 한다.
- 도움을 점차 줄여 간다.
- 수행되면 영아 스스로 스펀지에 플레이콘을 찍어 마음대로 붙여 보라고 한다.
- 수행되면 영아의 특성에 맞는 적절한 강화제를 제공한다.

스펀지에 물 적시기

스펀지에 플레이콘 찍기

스펀지에 플레이콘 찍기

플레이콘 붙이기

3~4
세

플레이콘 붙이기

플레이콘 붙이기 완성

* 사진 출처: 렁 트리오 재구성

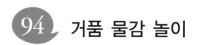 **거품 물감 놀이**

94 거품 물감 놀이 　　　　　　　　　　　　　　　　 3~4세

목표 │ 거품 물감 놀이를 할 수 있다.
자료 │ 플라스틱 통(냄비), 스테인리스 통, 주방 세제(핸드솝), 물감, 글리터(반짝이 가루)
　　　　숟가락, 거품기, 강화제

방법 ❶

- 교사가 스테인리스 통에 물 1컵을 부은 다음 주방 세제(핸드솝) 두 숟가락을 붓고 식용 색소를 넣은 후 거품기로 저어 거품을 내는 시범을 보인다.

- 교사가 스테인리스 통에 물 1컵을 부은 다음 주방 세제 두 숟가락을 붓고 식용 색소를 넣어 준 후 영아에게 교사를 모방하여 거품기로 저어 거품을 내어 보라고 한다.

- 수행되면 교사가 스테인리스 통에 물 1컵을 부은 다음 주방 세제 두 숟가락을 붓고 물감을 넣어 준 후 영아 스스로 거품기로 저어 거품을 내어 보라고 한다.

- 수행되면 교사가 플라스틱 통이나 냄비에 거품을 색깔별로 담아 준 다음 글리터(반짝이 가루)를 뿌린 후 비누 거품을 가지고 노는 시범을 보인다.

- 교사가 플라스틱 통이나 냄비에 거품을 색깔별로 담아 준 다음 영아에게 교사를 모방하여 글리터를 뿌린 후 비누 거품을 가지고 놀아 보라고 한다.

- 수행되면 교사가 플라스틱 통이나 냄비에 거품을 색깔별로 담아 주면 영아 스스로 글리터를 뿌린 후 비누 거품을 가지고 놀아 보라고 한다.

- 수행되면 영아의 특성에 맞는 적절한 강화제를 제공한다.

방법 ❷

- 교사가 스테인리스 통에 물 1컵을 부은 다음 주방 세제(핸드솝) 두 숟가락을 붓고 식용 색소를 넣은 후 거품기로 저어 거품을 내는 시범을 보인다.

- 교사가 스테인리스 통에 물 1컵을 부은 다음 주방 세제 두 숟가락을 붓고 식용 색소를 넣어 준 후 영아에게 교사를 모방하여 거품기로 저어 거품을 내어 보라고 한다.
- 거품을 내지 못하면 교사가 영아의 손을 잡고 거품기로 저어 거품을 내어 준다.
- 교사가 영아의 손을 잡고 거품기로 거품을 내어 주다가 영아 스스로 거품을 내어 보라고 한다.
- 거품을 내지 못하면 교사가 영아의 손을 잡고 거품기로 저어 거품을 내어 주는 동작을 반복해 준다.
- 도움을 점차 줄여 간다.
- 수행되면 교사가 스테인리스 통에 물 1컵을 부은 다음 주방 세제(핸드숍) 두 숟가락을 붓고 식용 색소를 넣어 준 후 영아 스스로 거품기로 저어 거품을 내어 보라고 한다.
- 수행되면 교사가 플라스틱 통이나 냄비에 거품을 색깔별로 담아 준 다음 글리터(반짝이 가루)를 뿌리는 시범을 보인다.
- 교사가 플라스틱 통이나 냄비에 거품을 색깔별로 담아 준 다음 영아에게 교사를 모방하여 글리터를 뿌려 보라고 한다.
- 뿌리지 못하면 교사가 영아의 손을 잡고 색깔별로 담긴 거품 위에 글리터를 뿌려 준다.
- 교사가 글리터를 쥔 영아의 손을 색깔별로 담긴 거품 위에 올려 준 후 영아에게 글리터를 뿌려 보라고 한다.
- 뿌리지 못하면 교사가 영아의 손을 잡고 색깔별로 담긴 거품 위에 글리터를 뿌려 주는 동작을 반복해 준다.
- 수행되면 교사가 글리터를 가리키며 영아에게 색깔별로 담긴 거품 위에 뿌려 보라고 한다.
- 도움을 점차 줄여 간다.
- 수행되면 영아 스스로 색깔별로 담긴 거품 위에 글리터를 뿌려 보라고 한다.

- 수행되면 교사가 색깔별로 담긴 비누 거품을 만지며 노는 시범을 보인다.
- 영아에게 교사를 모방하여 색깔별로 담긴 비누 거품을 만지며 놀아 보라고 한다.
- 만지지 못하면 교사가 영아의 손을 잡고 색깔별로 담긴 비누 거품을 만지며 놀아 준다.
- 교사가 영아의 손을 잡고 색깔별로 담긴 비누 거품을 만지며 놀아 주다가 영아 스스로 만지며 놀게 한다.
- 만지지 못하면 교사가 영아의 손을 잡고 색깔별로 담긴 비누 거품을 만지며 노는 동작을 반복해 준다.
- 수행되면 교사가 영아의 손을 색깔별로 담긴 비누 거품 위에 올려 준 후 영아에게 비누 거품을 만지며 놀아 보라고 한다.
- 도움을 점차 줄여 간다.
- 수행되면 영아 스스로 비누 거품을 가지고 놀아 보라고 한다.
- 수행되면 교사가 플라스틱 통이나 냄비에 거품을 색깔별로 담아 주면 영아 스스로 글리터를 뿌린 후 비누 거품을 가지고 놀아 보라고 한다.
- 수행되면 영아의 특성에 맞는 적절한 강화제를 제공한다.

☞ 거품 물감 놀이 후 영아의 상태에 따라 그릇에서 떨어지는 비누 거품 받기 등 다양한 놀이로 확장시켜 줄 수 있다.

플라스틱 통, 스테인리스 통 준비

교사가 스테인리스 통에 물 1컵 붓기

교사가 주방 세제(핸드솝) 두 숟가락 붓기

식용 색소 넣어 거품기로 젓기

교사가 통에 거품을 색깔별로 담아 주기

거품이 통에 담겨진 모양

글리터(반짝이 가루)

거품 위에 글리터 뿌리기

3~4
세

267

거품 위에 글리터가 뿌려진 모양

비누 거품 만지기

비누 거품 만지기

비누 거품 놀이

손에 비누 거품 묻힌 후 놀기

그릇에서 떨어지는 비누 거품 받기

* 사진 출처: 렁 트리오 재구성

베이킹 소다 놀이 4

목표 | 베이킹 소다를 이용한 놀이를 할 수 있다.
자료 | 색 베이킹 소다, 하트 얼음판, 식초, 여러 개의 스포이트, 강화제

방법 ❶

- 교사가 다양한 색상의 베이킹 소다를 담아 영아에게 제시한다.
- 교사가 스포이트에 미리 식초를 넣어 제공한다.
- 교사가 하트 얼음판에 베이킹 소다를 담는 시범을 보인다.
- 영아에게 교사를 모방하여 하트 얼음판에 베이킹 소다를 담아 보라고 한다.
- 수행되면 영아 스스로 하트 얼음판에 베이킹 소다를 담아 보라고 한다.
- 수행되면 교사가 하트 얼음판에 담긴 베이킹 소다를 손으로 꾹꾹 눌러 준 후 하트 얼음판을 트레이로 덮어 뒤집은 다음 하트 얼음판에서 색 베이킹 소다를 떼어 내 트레이에 담는다.
- 교사가 트레이에 놓인 하트 모양의 색 베이킹 소다에 스포이트로 식초를 떨어뜨려 다양한 색 거품이 번지는 시범을 보인다.
- 영아에게 교사를 모방하여 트레이에 놓인 하트 모양의 색 베이킹 소다에 스포이트로 식초를 떨어뜨려 다양한 색 거품이 번지게 해 보라고 한다.
- 수행되면 영아 스스로 트레이에 놓인 하트 모양의 색 베이킹 소다에 스포이트로 식초를 떨어뜨려 다양한 색 거품이 번지게 해 보라고 한다.
- 수행되면 영아의 특성에 맞는 적절한 강화제를 제공한다.

방법 ❷

- 교사가 다양한 색상의 베이킹 소다를 담아 영아에게 제시한다.
- 교사가 스포이트에 미리 식초를 넣어 제공한다.

- 교사가 하트 얼음판에 베이킹 소다를 담는 시범을 보인다.
- 영아에게 교사를 모방하여 하트 얼음판에 베이킹 소다를 담아 보라고 한다.
- 담지 못하면 교사가 영아의 손을 잡고 하트 얼음판에 베이킹 소다를 담아 준다.
- 교사가 영아의 손을 잡고 하트 얼음판에 베이킹 소다를 담아 주다가 영아에게 담아 보라고 한다.
- 담지 못하면 교사가 영아의 손을 잡고 하트 얼음판에 베이킹 소다를 담는 동작을 반복해 준다.
- 도움을 점차 줄여 간다.
- 수행되면 영아 스스로 하트 얼음판에 베이킹 소다를 담아 보라고 한다.
- 수행되면 교사가 하트 얼음판에 담긴 베이킹 소다를 손으로 꾹꾹 눌러 준 후 하트 얼음판을 트레이로 덮어 뒤집은 다음 하트 얼음판에서 색 베이킹 소다를 떼어 내 트레이에 담는다.
- 교사가 트레이에 놓인 하트 모양의 색 베이킹 소다에 스포이트로 식초를 떨어뜨려 다양한 색 거품이 번지는 시범을 보인다.
- 영아에게 교사를 모방하여 트레이에 놓인 하트 모양의 색 베이킹 소다에 스포이트로 식초를 떨어뜨려 다양한 색 거품이 번지게 해 보라고 한다.
- 하지 못하면 교사가 하트 얼음판에 베이킹 소다를 담는 것을 지도한 것과 같은 방법으로 지도한다.
- 수행되면 영아 스스로 트레이에 놓인 하트 모양의 색 베이킹 소다에 스포이트로 식초를 떨어뜨려 다양한 색 거품이 번지게 해 보라고 한다.
- 수행되면 영아의 특성에 맞는 적절한 강화제를 제공한다.

☞ 색 베이킹 소다('65. 색 베이킹 소다 만들기' 참고)를 미리 만들어 놓고 사용하면 편리하다. 없을 경우 베이킹 소다에 물감을 섞어 만들어 사용하도록 한다.

다양한 색상의 베이킹 소다 제공

영아가 하트 얼음판에 색 베이킹 소다 넣기

교사가 색 베이킹 소다를 손으로 꾹꾹 눌러 주기

하트 얼음판을 트레이로 덮기

3~4
세

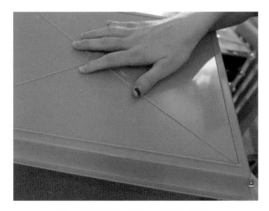

하트 얼음판을 완전히 덮은 트레이

트레이 뒤집어 얼음판 뒤집기

얼음판에서 색 베이킹 떼어 내기

하트 모양의 색 베이킹 소다

색 베이킹 소다에 식초를 뿌려 거품 내기

색 베이킹 소다에 식초를 뿌려 거품 내기

거품이 올라오는 색 베이킹 소다

다양한 색 거품이 번지는 베이킹 소다

* 사진 출처: 렁 트리오 재구성

96 얼음과자 만들기

목표 | 얼음과자를 만들 수 있다.

자료 | 얼음 모양 판, 과일퓌레, 숟가락

방법 ❶

- 교사가 숟가락으로 과일퓌레를 덜어서 얼음 모양 판에 넣는 시범을 보인다.
- 영아에게 교사를 모방하여 숟가락으로 과일퓌레를 덜어서 얼음 모양 판에 넣어 보라고 한다.
- 수행되면 영아 스스로 숟가락으로 과일퓌레를 덜어서 얼음 모양 판에 넣어 보라고 한다.
- 수행되면 교사가 과일퓌레가 담긴 얼음 모양 판을 냉동실에 넣어 얼린 후 영아와 함께 먹는다.

방법 ❷

- 교사가 과일퓌레를 숟가락으로 퍼는 시범을 보인다.
- 영아에게 교사를 모방하여 과일퓌레를 숟가락으로 덜어 보라고 한다.
- 덜지 못하면 교사가 영아의 손을 잡고 과일퓌레를 숟가락으로 덜어 준다.
- 교사가 숟가락을 쥔 영아의 손을 잡고 과일퓌레에 대 준 후 영아에게 덜어 보라고 한다.
- 덜지 못하면 교사가 영아의 손을 잡고 과일퓌레를 숟가락으로 퍼는 동작을 반복해 준다.
- 교사가 과일퓌레를 가리키며 영아에게 숟가락으로 덜어 보라고 한다.
- 도움을 점차 줄여 간다.
- 수행되면 영아 스스로 과일퓌레를 숟가락으로 덜어 보라고 한다.
- 수행되면 교사가 숟가락에 담긴 과일퓌레를 얼음 모양 판에 넣는 시범을 보인다.

273

- 영아에게 교사를 모방하여 숟가락에 담긴 과일퓌레를 얼음 모양 판에 넣어 보라고 한다.
- 넣지 못하면 교사가 영아의 손을 잡고 숟가락에 있는 과일퓌레를 얼음 모양 판에 넣어 준다.
- 교사가 과일퓌레가 담긴 숟가락을 쥔 영아의 손을 얼음 모양 판에 올려 준 후 영아에게 얼음 모양 판에 넣어 보라고 한다.
- 넣지 못하면 교사가 영아의 손을 잡고 숟가락에 있는 과일퓌레를 얼음 모양 판에 넣는 동작을 반복해 준다.
- 교사가 얼음 모양 판을 가리키며 영아에게 과일퓌레를 넣어 보라고 한다.
- 도움을 점차 줄여 간다.
- 수행되면 영아 스스로 숟가락에 담긴 과일퓌레를 얼음 모양 판에 넣어 보라고 한다.
- 수행되면 교사가 과일퓌레가 담긴 얼음 모양 판을 냉동실에 넣어 얼린 후 영아와 함께 먹는다.

☞ 영아가 좋아하는 과일퓌레를 만들어 사용하면 매우 효과적이다.

☞ 평소에 영아가 편식하는 과일을 사용하여 퓌레를 만든 후 얼음과자 만들기 활동을 하면 자연스럽게 편식을 지도할 수 있다.

☞ 숟가락 대신 주사기를 활용해도 영아가 흥미로워한다.

얼음 모양 판과 과일퓌레

얼음 모양 판에 숟가락으로 과일퓌레 넣기

얼음 모양 판에 과일퓌레 넣기

얼음 모양 판에 과일퓌레 넣기

얼음 모양 판에 과일퓌레 넣기

주사기로 과일퓌레 넣기

랩으로 감싼 뒤 냉동실에 넣기

완성된 얼음과자

* 사진 출처: 렁 트리오 재구성

97 빨래 풍선 놀이

목표 | 막대로 풍선을 칠 수 있다.

자료 | 풍선, 끈, 키친타월 심지 두 개, 포장지, 테이프(풀), 식탁, 의자, 강화제

방법 ❶

- 교사가 키친타월 심지 두 개를 포장지로 감싼 후 테이프 혹은 풀로 붙여 놓는다.
- 교사가 끈을 식탁과 의자에 각각 묶은 후 풍선을 불어 끈에 매달아 놓는다.
- 교사가 마음대로 다니면서 한 개의 막대(포장지로 감싸진 키친타월 심지)로 풍선을 치는 시범을 보인다.
- 영아에게 교사를 모방하여 마음대로 다니면서 한 개의 막대로 풍선을 쳐 보라고 한다.
- 수행되면 영아 스스로 마음대로 다니면서 한 개의 막대로 풍선을 쳐 보라고 한다.
- 수행되면 교사가 마음대로 다니면서 두 개의 막대(포장지로 감싸진 키친타월 심지)로 풍선을 치는 시범을 보인다.
- 영아에게 교사를 모방하여 마음대로 다니면서 두 개의 막대로 풍선을 쳐 보라고 한다.
- 수행되면 영아 스스로 마음대로 다니면서 두 개의 막대로 풍선을 쳐 보라고 한다.
- 수행되면 영아의 특성에 맞는 적절한 강화제를 제공한다.

방법 ❷

- 교사가 키친타월 심지 두 개를 포장지로 감싼 후 테이프 혹은 풀로 붙여 놓는다.
- 교사가 끈을 식탁과 의자에 각각 묶은 후 풍선을 불어 끈에 매달아 놓는다.
- 교사가 마음대로 다니면서 한 개의 막대(포장지로 감싸진 키친타월 심지)로 풍선을 치는 시범을 보인다.
- 영아에게 교사를 모방하여 마음대로 다니면서 한 개의 막대로 풍선을 쳐 보라고

한다.

- 치지 못하면 교사가 영아의 손을 잡고 한 개의 막대로 풍선을 쳐 준다.
- 교사가 막대를 든 영아의 손을 풍선 가까이 대 준 후 풍선을 쳐 보라고 한다.
- 치지 못하면 교사가 영아의 손을 잡고 한 개의 막대로 풍선을 쳐 주는 동작을 반복해 준다.
- 교사가 풍선을 가리키며 영아에게 한 개의 막대로 쳐 보라고 한다.
- 도움을 점차 줄여 간다.
- 수행되면 영아 스스로 한 개의 막대로 풍선을 쳐 보라고 한다.
- 수행되면 교사가 마음대로 다니면서 두 개의 막대(포장지로 감싸진 키친타월 심지)로 풍선을 치는 시범을 보인다.
- 영아에게 교사를 모방하여 마음대로 다니면서 두 개의 막대로 풍선을 쳐 보라고 한다.
- 치지 못하면 한 개의 막대로 풍선을 친 것과 같은 방법으로 지도한다.
- 수행되면 영아의 특성에 맞는 적절한 강화제를 제공한다.

☞ 막대는 키친타월 안에 있는 심지를 사용하거나 포장지 안에 있는 심지를 반으로 잘라 사용하면 된다.

☞ 수행되면 바닥에 공 놓고 막대로 치기, 막대로 빨랫줄 건드리기, 두 팔로 공 안기, 줄에 달려 있는 풍선을 손으로 만지기 등의 놀이로 확장하면 된다.

키친타월 심지 두 개를 포장지로 감싼 후
테이프 혹은 풀로 붙이기

끈을 식탁과 의자에 각각 묶은 후
풍선을 불어 끈에 매달기

한 개의 막대로 풍선 치기

두 개의 막대로 풍선 치기

두 개의 막대로 풍선 치기

두 개의 막대로 풍선 치기

3~4
세

바닥에 공 놓고 막대로 치기

막대로 빨랫줄 건드리기

두 팔로 공 안기

줄에 달려 있는 풍선을 손으로 만지기

* 사진 출처: 렁 트리오 재구성

몸을 굴려 이동하기

목표 | 몸을 굴려 이동할 수 있다.

자료 | 담요(얇은 이불), 매트, 강화제

방법 ❶

- 교사가 바닥에 미리 매트를 깔아 놓는다.
- 교사가 매트 위에 담요를 깔고 유아를 눕힌 후 담요로 살짝 말아 준 다음 끝자락을 잡아당겨 주면 유아가 담요 밖으로 나와 매트 위에서 몸을 굴려 매트 끝자락까지 이동하는 시범을 보인다.
- 교사가 매트 위에 담요를 깔고 영아를 눕힌 후 담요로 살짝 말아 준 다음 끝자락을 잡아당겨 주면 유아를 모방하여 담요 밖으로 나와 매트 위에서 몸을 굴려 매트 끝자락까지 이동해 보라고 한다.
- 수행되면 교사가 매트 위에 담요를 깔고 영아를 눕힌 후 담요로 살짝 말아 준 다음 끝자락을 잡아당겨 주면 영아 스스로 담요 밖으로 나와 매트 위에서 몸을 굴려 매트 끝자락까지 이동해 보라고 한다.
- 수행되면 영아의 특성에 맞는 적절한 강화제를 제공한다.

방법 ❷

- 교사가 바닥에 미리 매트를 깔아 놓는다.
- 교사가 매트 위에 담요를 깔고 유아를 눕힌 후 담요로 살짝 말아 준 다음 끝자락을 잡아당겨 주면 유아가 담요 밖으로 나와 매트 위에서 몸을 굴려 매트 끝자락까지 이동하는 시범을 보인다.
- 교사가 매트 위에 담요를 깔고 영아를 눕힌 후 담요로 살짝 말아 준 다음 끝자락을 잡아당겨 주면 유아를 모방하여 담요 밖으로 나와 매트 위에서 몸을 굴려 매트

끝자락까지 이동해 보라고 한다.

- 이동하지 못하면 교사가 매트 위에 담요를 깔고 영아를 눕힌 후 담요로 살짝 말아 준 다음 끝자락을 잡아당겨 영아가 담요 밖으로 나왔을 때 다른 교사가 영아의 몸을 굴려 매트 끝자락까지 이동해 준다.
- 교사가 매트 위에 담요를 깔고 영아를 눕힌 후 담요로 살짝 말아 준 다음 끝자락을 잡아 당겨 영아가 담요 밖으로 나왔을 때 다른 교사가 영아의 몸을 굴려 이동해 주다가 영아에게 매트 끝자락까지 이동해 보라고 한다.
- 이동하지 못하면 교사가 매트 위에 담요를 깔고 영아를 눕힌 후 담요로 살짝 말아 준 다음 끝자락을 잡아당겨 영아가 담요 밖으로 나왔을 때 다른 교사가 영아의 몸을 굴려 매트 끝자락까지 이동해 주는 동작을 반복해 준다.
- 도움을 점차 줄여 간다.
- 수행되면 교사가 매트 위에 담요를 깔고 영아를 눕힌 후 담요로 살짝 말아 준 다음 끝자락을 잡아당겨 주면 영아 스스로 담요 밖으로 나와 매트 위에서 몸을 굴려 매트 끝자락까지 이동해 보라고 한다.
- 수행되면 영아의 특성에 맞는 적절한 강화제를 제공한다.

☞ 담요의 가장자리에 영아를 눕혀야 담요로 말아 주기가 가능하므로 유의하도록 한다.

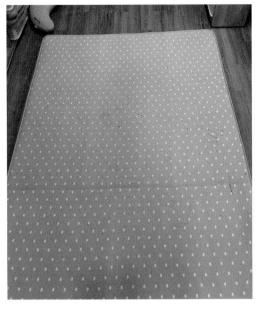

바닥에 매트 깔기

매트 위에 담요 깔기

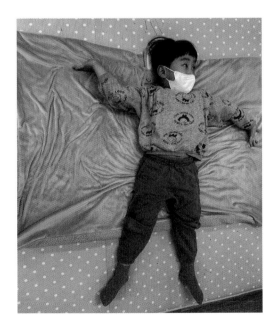

담요 위에 영아 눕히기

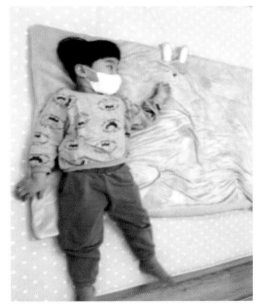

담요 위에 누운 영아를 담요로 살짝 말아 주기

담요의 끝자락을 잡아당겨 영아가
담요 밖으로 나오게 하기

영아가 몸을 이동하여
매트 끝자락까지 이동하기

교사가 영아의 몸을 굴려 매트 끝자락까지
이동해 주기

영아 스스로 이동하기

99 공에 야광물감 칠하기

목표 | 공에 야광물감을 칠할 수 있다.
자료 | 공, 일회용 접시, 야광물감, 붓, 강화제

방법 ❶

- 교사가 일회용 접시에 야광물감을 부어 제시한다.
- 교사가 붓으로 공에 야광물감을 칠하는 시범을 보인다.
- 영아에게 교사를 모방하여 붓으로 공에 야광물감을 칠해 보라고 한다.
- 수행되면 영아 스스로 붓으로 공에 야광물감을 칠해 보라고 한다.
- 수행되면 영아의 특성에 맞는 적절한 강화제를 제공한다.

방법 ❷

- 교사가 일회용 접시에 야광물감을 부어 제시한다.
- 교사가 붓으로 공에 야광물감을 칠하는 시범을 보인다.
- 영아에게 교사를 모방하여 붓으로 공에 야광물감을 칠해 보라고 한다.
- 칠하지 못하면 교사가 영아의 손을 잡고 붓으로 공에 야광물감을 칠해 준다.
- 교사가 영아의 손을 잡고 붓으로 공에 야광물감을 칠해 주다가 영아에게 칠해 보라고 한다.
- 칠하지 못하면 교사가 영아의 손을 잡고 붓으로 공에 야광물감을 칠해 주는 동작을 반복해 준다.
- 교사가 영아의 손을 잡고 붓으로 공에 야광물감을 3/4 정도 칠해 주다가 영아에게 칠해 보라고 한다.
- 수행되면 교사가 영아의 손을 잡고 붓으로 공에 야광물감을 2/4 정도 칠해 주다가 영아에게 칠해 보라고 한다.

- 수행되면 교사가 영아의 손을 잡고 붓으로 공에 야광물감을 1/4 정도 칠해 주다가 영아에게 칠해 보라고 한다.
- 도움을 점차 줄여 간다.
- 수행되면 영아 스스로 붓으로 공에 야광물감을 칠해 보라고 한다.
- 수행되면 영아의 특성에 맞는 적절한 강화제를 제공한다.

☞ 가능하면 붓은 되도록 큰 붓을 사용하도록 해야 영아가 잠깐 색칠을 해도 완성되므로 성취감을 느낄 수 있다.

☞ 야광물감이 없을 경우 일반 물감을 사용해도 무난하다.

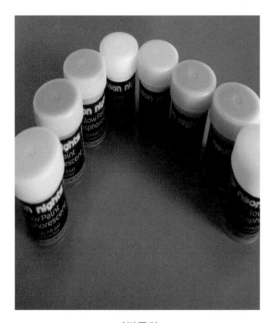

야광물감

일회용 접시에 야광물감 붓기

공과 붓 준비

붓으로 공에 야광물감 칠하기

3~4
세

* 사진 출처: 렁 트리오

100 플레이콘 녹이기

목표 ┃ 플레이콘을 녹일 수 있다.

자료 ┃ 뚜껑의 색이 다양한 통, 다양한 색상의 플레이콘, 물, 종이컵, 스포이트, 강화제

방법 ❶

- 교사가 뚜껑의 색이 다양한 각 통에 통과 같은 색상의 플레이콘(예: 빨간색 통에 빨간색 플레이콘)을 담아 제시한다.
- 교사가 종이컵에 있는 물을 스포이트로 빨아들여 각 통에 들어 있는 플레이콘 위에 떨어뜨려 녹이는 시범을 보인다.
- 영아에게 교사를 모방하여 종이컵에 있는 물을 스포이트로 빨아들여 각 통에 들어 있는 플레이콘 위에 떨어뜨려 녹여 보라고 한다.
- 수행되면 영아 스스로 종이컵에 있는 물을 스포이트로 빨아들여 각 통에 들어 있는 플레이콘 위에 떨어뜨려 녹여 보라고 한다.
- 수행되면 영아의 특성에 맞는 적절한 강화제를 제공한다.

방법 ❷

- 교사가 뚜껑의 색이 다양한 각 통에 통과 같은 색상의 플레이콘(예: 빨간색 통에 빨간색 플레이콘)을 담아 제시한다.
- 교사가 종이컵에 있는 물을 스포이트로 빨아들이는 시범을 보인다.
- 영아에게 교사를 모방하여 종이컵에 있는 물을 스포이트로 빨아들여 보라고 한다.
- 하지 못하면 교사가 영아의 손을 잡고 종이컵에 있는 물을 스포이트로 빨아들여 준다.
- 교사가 영아의 손을 잡고 종이컵에 스포이트를 대 준 후 영아에게 물을 빨아들여 보라고 한다.

- 하지 못하면 교사가 영아의 손을 잡고 종이컵에 있는 물을 스포이트로 빨아들이는 동작을 반복해 준다.
- 교사가 종이컵의 물을 가리키며 영아에게 스포이트로 빨아들여 보라고 한다.
- 도움을 점차 줄여 간다.
- 수행되면 영아 스스로 종이컵에 있는 물을 스포이트로 빨아들여 보라고 한다.
- 수행되면 교사가 스포이트의 물을 각 통에 들어 있는 플레이콘 위에 떨어뜨려 녹이는 시범을 보인다.
- 영아에게 교사를 모방하여 스포이트의 물을 각 통에 들어 있는 플레이콘 위에 떨어뜨려 녹여 보라고 한다.
- 녹이지 못하면 교사가 영아의 손을 잡고 스포이트의 물을 각 통에 들어 있는 플레이콘 위에 떨어뜨려 준다.
- 교사가 스포이트를 잡은 영아의 손을 플레이콘 위에 대 준 후 영아에게 물을 떨어뜨려 녹여 보라고 한다.
- 녹이지 못하면 교사가 영아의 손을 잡고 스포이트의 물을 각 통에 들어 있는 플레이콘 위에 떨어뜨려 녹이는 동작을 반복해 준다.
- 교사가 플레이콘을 가리키며 영아에게 스포이트의 물을 떨어뜨려 녹여 보라고 한다.
- 도움을 점차 줄여 간다.
- 수행되면 영아 스스로 종이컵에 있는 물을 스포이트로 빨아들여 각 통에 들어 있는 플레이콘 위에 떨어뜨려 녹여 보라고 한다.
- 수행되면 영아의 특성에 맞는 적절한 강화제를 제공한다.

☞ 영아의 상태에 따라 영아 스스로 통의 뚜껑과 같은 색의 플레이콘을 분류하게 한 후 녹이는 활동을 해도 흥미롭게 진행할 수 있다.

☞ 스포이트가 너무 작으면 시간이 많이 걸릴 수 있으므로 스포이트 대신 작은 국자 모양의 숟가락 등을 활용해도 무방하다.

☞ 스포이트로 물을 빨아들이는 것을 어려워하는 경우에는 교사가 미리 스포이트에 물을 넣어 놓고 제시하면 된다.

스포이트로 종이컵 물 빨아들이기

플레이콘 위에 물 떨어뜨리기

플레이콘 위에 물 떨어뜨리기

점점 녹아 가는 플레이콘

플레이콘 녹인 물

뚜껑과 같은 색 짝짓기

* 사진 출처: 령 트리오 재구성

욕조에서 고무줄 잡기

목표 | 욕조에서 포크로 고무줄을 잡을 수 있다.

자료 | 다양한 색의 고무줄, 포크(젓가락, 막대기, 손), 강화제

방법 ❶

- 교사가 욕조에 다양한 색의 고무줄을 약 20~30개 정도 넣어 준다.
- 교사가 포크로 욕조 안에 있는 고무줄을 잡는(포크에 고무줄이 끼워진 모양 '사진 4' 참조) 시범을 보인다.
- 영아에게 교사를 모방하여 포크로 욕조 안에 있는 고무줄을 잡아 보라고 한다.
- 수행되면 영아 스스로 포크로 욕조 안에 있는 고무줄을 잡아 보라고 한다.
- 수행되면 영아의 특성에 맞는 적절한 강화제를 제공한다.

방법 ❷

- 교사가 욕조에 다양한 색의 고무줄을 약 20~30개 정도 넣어 준다.
- 교사가 포크로 욕조 안에 있는 고무줄을 잡는(포크에 고무줄이 끼워진 모양 '사진 4' 참조) 시범을 보인다.
- 영아에게 교사를 모방하여 포크로 욕조 안에 있는 고무줄을 잡아 보라고 한다.
- 잡지 못하면 교사가 포크를 쥔 영아의 손을 잡고 고무줄을 잡아 준다.
- 교사가 포크를 쥔 영아의 손을 고무줄에 대 준 후 영아에게 잡아 보라고 한다.
- 잡지 못하면 교사가 포크를 쥔 영아의 손을 잡고 고무줄을 잡아 주는 동작을 반복해준다.
- 교사가 욕조 안에 둥둥 떠다니거나 가라앉아 있는 고무줄을 가리키며 영아에게 포크로 잡아 보라고 한다.
- 도움을 점차 줄여 간다.

• 수행되면 영아 스스로 욕조 안에 있는 고무줄을 포크로 잡아 보라고 한다.
• 수행되면 영아의 특성에 맞는 적절한 강화제를 제공한다.

☞ 영아의 상태에 따라 포크 외에도 손을 사용하거나 혹은 젓가락이나 막대기를 사용하여 고무줄을 잡을 수 있도록 놀이를 확장시켜 주면 효과적이다.

☞ 젓가락이나 막대기는 자칫 위험할 수도 있으므로 보호자가 같이 있을 때 제시하도록 주의해야 한다.

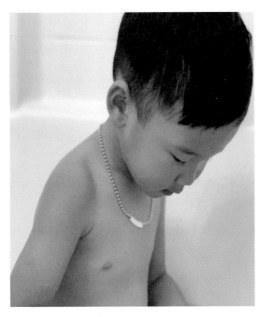

욕조 안에 고무줄 넣어 주기

교사가 포크로 고무줄 잡는 시범

포크로 고무줄 잡기

포크에 잡힌 고무줄

* 사진 출처: 령 트리오 재구성

102 종이컵에 빨대 꽂기 3~4세

목표 | 종이컵 구멍에 빨대를 꽂을 수 있다.

자료 | 종이컵, 빨대, 강화제

방법 ❶

- 교사가 종이컵에 구멍을 뚫은 후 뒤집어 제시한다.
- 교사가 종이컵의 구멍에 빨대를 꽂는 시범을 보인다.
- 영아에게 교사를 모방하여 종이컵의 구멍에 빨대를 꽂아 보라고 한다.
- 수행되면 영아 스스로 종이컵의 구멍에 빨대를 꽂아 보라고 한다.
- 수행되면 영아의 특성에 맞는 적절한 강화제를 제공한다.

방법 ❷

- 교사가 종이컵에 구멍을 뚫은 후 뒤집어 제시한다.
- 교사가 종이컵의 구멍에 빨대를 꽂는 시범을 보인다.
- 영아에게 교사를 모방하여 종이컵의 구멍에 빨대를 꽂아 보라고 한다.
- 꽂지 못하면 교사가 영아의 손을 잡고 종이컵의 구멍에 빨대를 꽂아 준다.
- 교사가 빨대를 쥔 영아의 손을 종이컵의 구멍에 대 준 후 영아에게 빨대를 꽂아 보라고 한다.
- 꽂지 못하면 교사가 영아의 손을 잡고 종이컵의 구멍에 빨대를 꽂아 주는 동작을 반복해 준다.
- 교사가 종이컵의 구멍을 가리키며 영아에게 빨대를 꽂아 보라고 한다.
- 도움을 점차 줄여 간다.
- 수행되면 영아 스스로 종이컵의 구멍에 빨대를 꽂아 보라고 한다.
- 수행되면 영아의 특성에 맞는 적절한 강화제를 제공한다.

종이컵에 구멍 뚫어 뒤집어 제시하기

구멍에 빨대 꽂기

구멍에 빨대 꽂기

완성된 모양

* 사진 출처: 렁 트리오 재구성

103 키친타월 물들이기 3~4세

목표 | 키친타월에 물을 들일 수 있다.
자료 | 키친타월, 다양한 색상의 물감, 여러 개의 접시, 강화제

방법 ❶

- 교사가 여러 개의 접시에 각 색상의 물감을 담아 선을 따라 자른 키친타월과 함께 제시한다.
- 교사가 각 색상의 물감이 담긴 접시에 키친타월을 완전히 담근 후 물들여진 키친타월을 손으로 눌러 물기를 짜서 말리는 시범을 보인다.
- 영아에게 교사를 모방하여 가 색상의 물감이 담긴 접시에 키친다월을 완진히 딤근 후 물들여진 키친타월을 손으로 눌러 물기를 짠 다음 말려 보라고 한다.
- 수행되면 영아 스스로 각 색상의 물감이 담긴 접시에 키친타월을 완전히 담근 후 물들여진 키친타월을 손으로 눌러 물기를 짠 다음 말려 보라고 한다.
- 수행되면 영아의 특성에 맞는 적절한 강화제를 제공한다.

방법 ❷

- 교사가 여러 개의 접시에 각 색상의 물감을 담아 선을 따라 자른 키친타월과 함께 제시한다.
- 교사가 예를 들어 빨간색의 물감이 담긴 접시에 키친타월을 완전히 담가 물들이는 시범을 보인다.
- 영아에게 교사를 모방하여 빨간색의 물감이 담긴 접시에 키친타월을 완전히 담가 물들여 보라고 한다.
- 물들이지 못하면 교사가 영아의 손을 잡고 빨간색의 물감이 담긴 접시에 키친타월을 완전히 담가 물들여 준다.

- 교사가 영아의 손을 잡고 빨간색의 물감이 담긴 접시에 키친타월을 완전히 담가 준 후 영아에게 물들여 보라고 한다.
- 물들이지 못하면 교사가 영아의 손을 잡고 빨간색의 물감이 담긴 접시에 키친타월을 완전히 담가 물들여 주는 동작을 반복해 준다.
- 교사가 빨간색의 물감이 담긴 접시를 가리키며 영아에게 키친타월을 넣어 물들여 보라고 한다.
- 도움을 점차 줄여 간다.
- 수행되면 영아 스스로 빨간색의 물감이 담긴 접시에 키친타월을 완전히 담가 물들여 보라고 한다.
- 수행되면 교사가 빨간색으로 물들여진 키친타월을 손으로 눌러 물기를 짜서 말리는 시범을 보인다.
- 영아에게 교사를 모방하여 빨간색으로 물들여진 키친타월을 손으로 눌러 물기를 짜서 말려 보라고 한다.
- 말리지 못하면 교사가 영아의 손을 잡고 빨간색으로 물들여진 키친타월을 손으로 눌러 물기를 짜서 말려 준다.
- 교사가 영아의 손을 잡고 빨간색으로 물들여진 키친타월을 손으로 눌러 물기를 짜 준 후 영아에게 말려 보라고 한다.
- 말리지 못하면 교사가 영아의 손을 잡고 빨간색으로 물들여진 키친타월을 손으로 눌러 물기를 짜서 말려 주는 동작을 반복해 준다.
- 교사가 영아의 손을 잡고 빨간색으로 물들여진 키친타월을 손으로 눌러 준 후 영아에게 물기를 짜서 말려 보라고 한다.
- 도움을 점차 줄여 간다.
- 수행되면 영아 스스로 빨간색으로 물들여진 키친타월을 손으로 눌러 물기를 짠 다음 말려 보라고 한다.
- 수행되면 다른 색깔의 물감에 키친타월을 물들인 후 손으로 눌러 물기를 짠 다음 말리는 것도 빨간색으로 물들여진 키친타월을 지도한 것과 같은 방법으로 지도한다.

- 수행되면 영아의 특성에 맞는 적절한 강화제를 제공한다.

104 코코코 놀이   3~4세

목표 | 코코코 놀이를 할 수 있다.

자료 | 강화제

방법 ❶

- 교사가 예를 들어 "코 코 코 눈"이라고 하면서 '코'를 짚은 후 '눈'을 짚는 시범을 보인다.
- 영아에게 교사를 모방하여 교사가 "코 코 코 눈"이라고 할 때 '코'를 짚은 후 '눈'을 짚어 보라고 한다.
- 수행되면 교사가 "코 코 코 눈"이라고 할 때 영아 스스로 '코'를 짚은 후 '눈'을 짚어 보라고 한다.
- 수행되면 이와 같은 방법으로 "코 코 코 입", "코 코 코 귀" 등을 지도한다.
- 수행되면 영아의 특성에 맞는 적절한 강화제를 제공한다.

방법 ❷

- 교사가 예를 들어 "코 코 코 눈"이라고 하면서 '코'를 짚은 후 '눈'을 짚는 시범을 보인다.
- 영아에게 교사를 모방하여 교사가 "코 코 코 눈"이라고 할 때 '코'를 짚은 후 '눈'을 짚어 보라고 한다.
- 짚지 못하면 교사가 영아의 손을 잡아 '코'를 짚은 후 '눈'을 짚어 준다.
- 교사가 영아의 손을 잡아 '코'를 짚어 준 후 영아에게 '눈'을 짚어 보라고 한다.
- 짚지 못하면 교사가 영아의 손을 잡아 '코'를 짚은 후 '눈'을 짚어 주는 동작을 반복

해 준다.

- 교사가 영아의 손을 '코' 가까이 대 준 후 영아에게 '코'를 짚은 후 '눈'을 짚어 보라고 한다.

- 도움을 점차 줄여 간다.

- 수행되면 교사가 "코 코 코 눈"이라고 할 때 영아 스스로 '코'를 짚은 후 '눈'을 짚어 보라고 한다.

- 수행되면 이와 같은 방법으로 "코 코 코 입", "코 코 코 귀" 등을 지도한다.

- 수행되면 영아의 특성에 맞는 적절한 강화제를 제공한다.

105 포일에 물감을 칠한 후 도화지에 찍기 3~4세

목표 │ 포일(호일)에 물감을 칠한 후 도화지에 찍어 낼 수 있다.
자료 │ 물감, 붓, 물, 도화지, 포일, 도화지 접시, 빈 박스, 강화제

방법 ❶

- 교사가 적당하게 구긴 포일로 빈 박스(예: 시리얼 빈 박스)를 감싼 후 제시한다.

- 교사가 붓에 물감을 묻혀 포일에 칠하는 시범을 보인다.

- 영아에게 교사를 모방하여 붓에 물감을 묻혀 포일에 칠해 보라고 한다.

- 수행되면 영아 스스로 붓에 물감을 묻혀 포일에 칠해 보라고 한다.

- 수행되면 교사가 물감이 칠해진 포일에 도화지를 덮어 손으로 전체를 문지른 후 도화지에 찍어 내는 시범을 보인다.

- 영아에게 교사를 모방하여 물감이 칠해진 포일에 도화지를 덮어 손으로 전체를 문지른 후 도화지에 찍어 내 보라고 한다.

- 수행되면 영아의 특성에 맞는 적절한 강화제를 제공한다.

방법 ❷

- 교사가 적당하게 구긴 포일로 빈 박스(예: 시리얼 빈 박스)를 감싼 후 제시한다.
- 교사가 붓에 물감을 묻히는 시범을 보인다.
- 영아에게 교사를 모방하여 붓에 물감을 묻혀 보라고 한다.
- 묻히지 못하면 교사가 영아의 손을 잡고 붓에 물감을 묻혀 준다.
- 교사가 영아의 손을 잡고 붓을 물감을 대 준 후 영아에게 묻혀 보라고 한다.
- 묻히지 못하면 교사가 영아의 손을 잡고 붓에 물감을 묻히는 동작을 반복해 준다.
- 교사가 물감을 가리키며 영아에게 붓에 묻혀 보라고 한다.
- 도움을 점차 줄여 간다.
- 수행되면 영아 스스로 붓에 물감을 묻혀 보라고 한다.
- 수행되면 교사가 물감이 묻은 붓으로 포일을 칠하는 시범을 보인다.
- 영아에게 교사를 모방하여 물감이 묻은 붓으로 포일을 칠해 보라고 한다.
- 칠하지 못하면 교사가 영아의 손을 잡고 물감이 묻은 붓으로 포일을 칠해 준다.
- 교사가 영아의 손을 잡고 물감이 묻은 붓을 포일에 대 준 후 영아에게 칠해 보라고 한다.
- 칠하지 못하면 교사가 영아의 손을 잡고 물감이 묻은 붓으로 포일을 칠하는 동작을 반복해 준다.
- 교사가 포일을 가리키며 영아에게 물감이 묻은 붓으로 칠해 보라고 한다.
- 도움을 점차 줄여 간다.
- 수행되면 영아 스스로 물감이 묻은 붓으로 포일을 칠해 보라고 한다.
- 수행되면 교사가 물감이 칠해진 포일에 도화지를 덮어 손으로 전체를 문지른 후 도화지에 찍어 내는 시범을 보인다.
- 영아에게 교사를 모방하여 물감이 칠해진 포일에 도화지를 덮어 손으로 전체를 문지른 후 도화지에 찍어 내 보라고 한다.
- 찍어 내지 못하면 물감이 묻은 붓으로 포일을 칠하는 것을 지도한 것과 같은 방법으로 지도한다.

• 수행되면 영아 스스로 물감이 칠해진 포일에 도화지를 덮어 손으로 전체를 문지른 후 도화지에 찍어 내 보라고 한다.
• 수행되면 영아의 특성에 맞는 적절한 강화제를 제공한다.

☞ 은박 포일은 구기는 모양대로 다양한 그림이 나타나므로 포일을 살짝 구겨서 박스를 감싸도록 한다.

☞ 일반적으로 시리얼 빈 박스가 구하기 쉽고 영아들에게 적절하니 참고하기 바란다.

☞ 붓과 롤러 등을 혼합하여 사용하면 더 다양한 그림 모양을 찍어 낼 수 있다. 그리고 영아의 상태에 따라 붓보다는 넓은 면적을 쉽게 칠할 수 있는 롤러를 사용하는 것이 효과적이다.

☞ 일반 물감 대신 아크릴물감을 사용해도 무방하다.

☞ 영아의 상태에 따라 물감으로 핑거페인팅 놀이를 하거나 포일로 감싼 박스를 드럼처럼 두들겨 보도록 확장시켜 줄 수 있다.

롤러에 물감 묻히기

포일에 물감 칠하기

포일에 물감 칠하기

포일에 물감 칠하기

완성된 포일 그림

포일 위에 도화지를 덮어 문지르기

도화지에 찍힌 모양

도화지에 찍힌 모양의 예

도화지에 찍힌 모양의 예

핑거페인팅

드럼처럼 두드려 보기

드럼처럼 두드려 보기

* 사진 출처: 령 트리오 재구성

106 비닐 랩에 손 모양 그리기 3~4세

목표 | 비닐 랩에 손 모양을 그릴 수 있다.
자료 | 비닐 랩, 책상(의자), 사인펜, 스티커, 강화제

방법 ❶

- 교사가 미리 비닐 랩을 책상에 붙여 놓거나 의자를 뒤집어(첫 번째 사진 참조) 의자 다리 사이에 비닐 랩을 붙여 놓는다.
- 교사가 비닐 랩에 사인펜으로 손 모양을 그리는 시범을 보인다.
- 영아에게 교사를 모방하여 비닐 랩에 사인펜으로 손 모양을 그려 보라고 한다.
- 수행되면 영아 스스로 비닐 랩에 사인펜으로 손 모양을 그려 보라고 한다.
- 수행되면 영아의 특성에 맞는 적절한 강화제를 제공한다.

방법 ❷

- 교사가 미리 비닐 랩을 책상에 붙여 놓거나 의자를 뒤집어(첫 번째 사진 참조) 의자 다리 사이에 비닐 랩을 붙여 놓는다.
- 교사가 비닐 랩에 사인펜으로 손 모양을 그리는 시범을 보인다.
- 영아에게 교사를 모방하여 비닐 랩에 사인펜으로 손 모양을 그려 보라고 한다.
- 그리지 못하면 교사가 영아의 손을 잡고 비닐 랩에 사인펜으로 손 모양을 그려 준다.
- 교사가 영아의 손을 잡고 비닐 랩에 사인펜으로 손 모양을 그려 주다가 영아 스스로 그려 보라고 한다.
- 그리지 못하면 교사가 영아의 손을 잡고 비닐 랩에 사인펜으로 손 모양을 그려 주는 동작을 반복해 준다.
- 수행되면 영아 스스로 비닐 랩에 사인펜으로 손 모양을 그려 보라고 한다.

• 수행되면 영아의 특성에 맞는 적절한 강화제를 제공한다.

☞ 수행되면 교사가 비닐 랩 바깥에 손을 대 준 후 교사의 손 모양을 그려 보게 하거나 낙서를 하게 지도해도 된다.

☞ 비닐 랩에 스티커를 붙이는 놀이를 지도해도 재미있어한다.

3~4
세

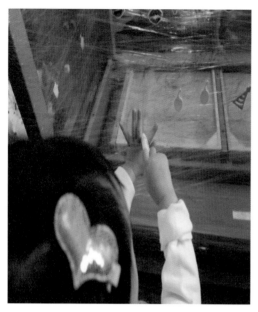

비닐 랩에 사인펜으로 손 모양 그리기

비닐 랩 바깥에 있는 교사의 손 위에 낙서하기

비닐 랩에 스티커 붙이기

* 사진 출처: 령 트리오 재구성

107 테이프에 신문지 공 붙이기

목표 | 테이프에 신문지 공을 붙일 수 있다.

자료 | 테이프, 가위, 신문지(얇은 종이), 강화제

방법 ❶

- 교사가 방문을 열고 문틀과 문틀 사이에 테이프를 길게 붙여 놓는다.
- 교사가 신문지를 구겨 공을 만드는 시범을 보인다.
- 영아에게 교사를 모방하여 신문지를 구겨 공을 만들어 보라고 한다.
- 수행되면 영아 스스로 신문지를 구겨 공을 만들어 보라고 한다.
- 수행되면 교사가 테이프에 신문지 공을 붙이는 시범을 보인다.
- 영아에게 교사를 모방하여 테이프에 신문지 공을 붙여 보라고 한다.
- 수행되면 영아 스스로 테이프에 신문지 공을 붙여 보라고 한다.
- 수행되면 영아의 특성에 맞는 적절한 강화제를 제공한다.

방법 ❷

- 교사가 방문을 열고 문틀과 문틀 사이에 테이프를 길게 붙여 놓는다.
- 교사가 신문지를 구겨 공을 만드는 시범을 보인다.
- 영아에게 교사를 모방하여 신문지를 구겨 공을 만들어 보라고 한다.
- 만들지 못하면 교사가 영아의 손을 잡고 신문지를 구겨 공을 만들어 준다.
- 교사가 신문지를 영아의 손에 쥐어 준 후 영아에게 구겨 공을 만들어 보라고 한다.
- 만들지 못하면 교사가 영아의 손을 잡고 신문지를 구겨 공을 만드는 동작을 반복해 준다.
- 교사가 신문지를 가리키며 영아에게 구겨 공을 만들어 보라고 한다.
- 도움을 점차 줄여 간다.

- 수행되면 영아 스스로 신문지를 구겨 공을 만들어 보라고 한다.
- 수행되면 교사가 테이프에 신문지 공을 붙이는 시범을 보인다.
- 영아에게 교사를 모방하여 테이프에 신문지 공을 붙여 보라고 한다.
- 붙이지 못하면 교사가 신문지로 공을 구기는 것을 지도한 것과 같은 방법으로 지도한다.
- 수행되면 영아 스스로 테이프에 신문지 공을 붙여 보라고 한다.
- 수행되면 영아의 특성에 맞는 적절한 강화제를 제공한다.

☞ 가능하면 투명 테이프보다 무늬나 색깔이 있는 테이프를 붙여 주면 테이프가 좀 더 눈에 잘 띄어 놀이를 수월하게 진행하는 데 도움이 된다.

☞ 테이핑이 끝난 후 테이프에 장식품(예: 나비, 거미, 꽃, 잠자리 등)을 붙여 주면 영아의 흥미를 좀 더 끌 수 있어 효과적이다. 장식품은 시중에서 다양한 제품(스티커로도 많이 생산됨)을 쉽게 구입할 수 있다. 구하기 힘든 경우 집에서 색종이로 모양을 그려 오려서 사용해도 무방하다.

☞ 신문지가 테이프에 가장 잘 붙기 때문에 신문지를 사용하도록 하고 구하기 힘들 경우 최대한 얇은 종이를 사용해야 한다.

☞ 영아의 상태에 따라 테이프에 신문지 공 붙이기가 수행되면 폼폼이 붙이기로 놀이를 확장해 줄 수 있다.

문틀과 문틀 사이에 테이프 붙이기

신문지나 잡지 구겨 공 만들기

완성된 공

신문지에 공 붙이기

3~4
세

폼폼이 준비

테이프에 폼폼이 붙이기

테이프에 폼폼이 붙이기

완성된 모양

* 사진 출처: 령 트리오 재구성

108 스티로폼에 마음대로 압정 꽂기 3~4세

목표 | 스티로폼에 마음대로 압정을 꽂을 수 있다.

자료 | 스티로폼, 네임펜, 자, 컬러 압정, 강화제

방법 ❶

- 교사가 스티로폼에 선을 그어 제시한다.
- 교사가 스티로폼에 마음대로 압정을 꽂는 시범을 보인다.
- 영아에게 교사를 모방하여 스티로폼에 마음대로 압정을 꽂아 보라고 한다.
- 수행되면 영아 스스로 스티로폼에 마음대로 압정을 꽂아 보라고 한다.
- 수행되면 영아의 특성에 맞는 적절한 강화제를 제공한다.

방법 ❷

- 교사가 스티로폼에 선을 그어 제시한다.
- 교사가 압정을 쥐는 시범을 보인다.
- 영아에게 교사를 모방하여 압정을 쥐어 보라고 한다.
- 쥐지 못하면 교사가 영아의 손을 잡고 압정을 쥐어 준다.
- 교사가 압정을 가리키며 영아에게 쥐어 보라고 한다.
- 쥐지 못하면 교사가 영아의 손을 잡고 압정을 쥐는 동작을 반복해 준다.
- 도움을 점차 줄여 간다.
- 수행되면 영아 스스로 압정을 쥐어 보라고 한다.
- 수행되면 교사가 스티로폼에 마음대로 압정을 꽂는 시범을 보인다.
- 영아에게 교사를 모방하여 스티로폼에 마음대로 압정을 꽂아 보라고 한다.
- 꽂지 못하면 교사가 영아에게 압정을 쥐라고 한 후 영아의 손을 잡고 스티로폼에 마음대로 압정을 꽂아 준다.

- 교사가 영아에게 압정을 쥐라고 한 후 영아의 손을 스티로폼에 대 준 후 마음대로 꽂아 보라고 한다.
- 꽂지 못하면 교사가 영아에게 압정을 쥐라고 한 후 영아의 손을 잡고 스티로폼에 마음대로 압정을 꽂는 동작을 반복해 준다.
- 교사가 스티로폼을 가리키며 영아에게 마음대로 압정을 꽂아 보라고 한다.
- 도움을 점차 줄여 간다.
- 수행되면 영아 스스로 스티로폼에 마음대로 압정을 꽂아 보라고 한다.
- 수행되면 영아의 특성에 맞는 적절한 강화제를 제공한다.

☞ 스티로폼에 선을 그려 주지 않아도 무방하다.

☞ 영아의 상태에 따라 같은 색 압정 꽂기 놀이를 하거나 선을 따라 압정을 꽂는 놀이로 확장시켜 줄 수 있다.

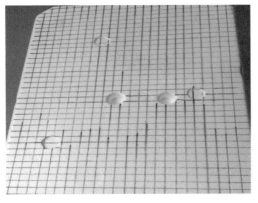

선이 그려진 스티로폼

컬러 압정

스티로폼에 마음대로 압정 꽂기

스티로폼에 마음대로 압정 꽂기

3~4
세

스티로폼에 마음대로 압정 꽂기

스티로폼에 마음대로 압정 꽂기

* 사진 출처: 렁 트리오 재구성

109 우유 표면 장력 놀이 3~4세

목표 | 우유 표면 장력 놀이를 할 수 있다.

자료 | 우유, 빈 통이나 그릇, 스포이트, 다양한 색상의 물감, 주방 세제, 면봉, 강화제

방법 ❶

- 교사가 빈 통이나 그릇에 우유를 담아 제시한다.
- 교사가 각각의 스포이트에 다양한 색상의 물감과 주방 세제를 미리 넣어 놓는다.
- 교사가 스포이트로 우유에 좋아하는 색상의 물감을 뿌리는 시범을 보인다.
- 영아에게 교사를 모방하여 스포이트로 우유에 좋아하는 색상의 물감(예: 주황색)을 뿌려 보라고 한다.
- 수행되면 영아 스스로 스포이트로 우유에 좋아하는 색상의 물감을 뿌려 보라고 한다.
- 수행되면 교사가 우유 위에 있는 물감 위에 스포이트로 다른 색상의 물감(예: 파란색)을 뿌리는 시범을 보인다.
- 영아에게 교사를 모방하여 우유 위에 있는 물감 위에 스포이트로 다른 색상의 물감을 뿌려 보라고 한다.
- 수행되면 영아 스스로 우유 위에 있는 물감 위에 스포이트로 다른 색상의 물감을 뿌려 보라고 한다.
- 수행되면 교사가 우유 위의 물감에 스포이트에 담긴 주방 세제를 떨어뜨려 물감이 확 퍼지면서 우유가 나타나는 시범을 보인다.
- 영아에게 교사를 모방하여 우유 위의 물감에 스포이트에 담긴 주방 세제를 떨어뜨려 물감이 확 퍼지면서 우유가 나타나는 것을 보라고 한다.
- 수행되면 영아 스스로 우유 위의 물감에 스포이트에 담긴 주방 세제를 떨어뜨려 물감이 확 퍼지면서 우유가 나타나는 것을 보라고 한다.

- 수행되면 영아의 특성에 맞는 적절한 강화제를 제공한다.

방법 ❷

- 교사가 빈 통이나 그릇에 우유를 담아 제시한다.
- 교사가 각각의 스포이트에 다양한 색상의 물감과 주방 세제를 미리 넣어 놓는다.
- 교사가 스포이트로 우유에 좋아하는 색상의 물감을 넣는 시범을 보인다.
- 영아에게 교사를 모방하여 스포이트로 우유에 좋아하는 색상의 물감(예: 주황색)을 뿌려 보라고 한다.
- 뿌리지 못하면 교사가 영아의 손을 잡고 스포이트로 우유에 좋아하는 색상의 물감을 뿌려 준다.
- 교사가 스포이트를 영아의 손에 쥐어 준 후 우유에 좋아하는 색상의 물감을 뿌려 보라고 한다.
- 뿌리지 못하면 교사가 영아의 손을 잡고 스포이트로 우유에 좋아하는 색상의 물감을 뿌려 주는 동작을 반복해 준다.
- 교사가 스포이트를 쥔 영아의 손을 우유에 대 준 후 좋아하는 색상의 물감을 뿌려 보라고 한다.
- 수행되면 교사가 우유를 가리키며 영아에게 스포이트로 우유에 좋아하는 색상의 물감을 뿌려 보라고 한다.
- 도움을 점차 줄여 간다.
- 수행되면 영아 스스로 스포이트로 우유에 좋아하는 색상의 물감을 뿌려 보라고 한다.
- 수행되면 교사가 우유 위에 있는 물감 위에 스포이트로 다른 색상의 물감(예: 파란색)을 뿌리는 시범을 보인다.
- 영아에게 교사를 모방하여 우유 위에 있는 물감 위에 스포이트로 다른 색상의 물감을 뿌려 보라고 한다.
- 뿌리지 못하면 우유 위에 물감을 뿌리는 것을 지도한 것과 같은 방법으로 지도한다.
- 수행되면 영아 스스로 우유 위에 있는 물감 위에 스포이트로 다른 색상의 물감을

뿌려 보라고 한다.

- 수행되면 교사가 우유 위의 물감에 스포이트에 담긴 주방 세제를 떨어뜨려 물감이 확 퍼지면서 우유가 나타나는 시범을 보인다.
- 영아에게 교사를 모방하여 우유 위의 물감에 스포이트에 담긴 주방 세제를 떨어뜨려 물감이 확 퍼지면서 우유가 나타나는 것을 보라고 한다.
- 주방 세제를 떨어뜨리지 못하면 우유 위에 물감을 뿌리는 것을 지도한 것과 같은 방법으로 지도한다.
- 수행되면 영아 스스로 우유 위의 물감에 스포이트에 담긴 주방 세제를 떨어뜨려 물감이 확 퍼지면서 우유가 나타나는 것을 보라고 한다.
- 수행되면 영아의 특성에 맞는 적절한 강화제를 제공한다.

☞ 표면 장력이란 액체의 표면을 작게 하려 작용하는 힘을 말한다. 즉, 액체상의 물질은 자유로이 팽창할 수 없으므로 다른 액체나 기체와의 사이에 표면을 생성하게 되는데 이때 액체 표면에 존재하는 장력을 표면 장력이라 한다. 우리가 흔히 사용하는 비누, 세제 등에는 계면활성제가 들어 있는데 계면활성제는 표면 장력을 감소시키는 역할을 한다. 이 역할 때문에 물감 물에 세제를 떨어뜨리면 물감이 퍼져 나간다.

☞ 영아의 상태에 따라 우유 위에 물감을 뿌리는 횟수를 2~5번 정도 조정(예: 우유 위에 빨간색 물감을 뿌리고 빨간색 물감 위에 노란색 물감을 뿌린 후 주방 세제 떨어뜨리기/우유 위에 빨간색, 노란색, 파란색, 주황색 물감을 뿌린 후 주방 세제 떨어뜨리기)하여 지도하도록 한다.

☞ 주방 세제를 떨어뜨리는 범위에 따라 우유가 나타나는 넓이가 달라진다. 즉, 주방 세제로 우유 위의 물감 색을 일부만 없앨 수도 있고 모두 없앨 수도 있다.

☞ 스포이트가 없으면 주방 세제를 붓이나 면봉에 묻혀 우유 위의 물감에 떨어뜨리거나 살짝 우유 물감 물에 닿게 하면 물감이 확 퍼져 나가는 것을 볼 수 있다.

냄비에 우유 준비

우유 위에 연두색 물감 뿌리기

연두색 물감 위에 주방 세제 떨어뜨리기

연두색 물감 위에 주방 세제 떨어뜨리기

3~4
세

우유에 원하는 물감 뿌리기

물감 위에 물감 뿌리기

세제가 들어 있는 스포이트

스포이트로 물감 위에 세제 떨어뜨리기

우유 위에 연두색 물감 뿌리기

연두색 물감 위에 주황색 물감 뿌리기

연두색 물감 위에 주황색 물감 뿌리기

스포이트로 물감 위에 세제 떨어뜨리기

* 사진 출처: 렁 트리오 재구성

110 양초로 마음대로 그리기

3~4세

목표 | 양초로 마음대로 그릴 수 있다.

자료 | 수채화 물감, 큰 붓, 양초, 물, 빈 그릇, 스케치북, 강화제

방법 ❶

- 교사가 팔레트에 다양한 색상의 물감을 짜서 제시한다.
- 교사가 빈 그릇에 물을 담아 제시한다.
- 교사가 양초로 스케치북에 마음대로 그리는 시범을 보인다.
- 영아에게 교사를 모방하여 양초로 스케치북에 마음대로 그려 보라고 한다.
- 수행되면 영아 스스로 스케치북에 양초로 마음대로 그려 보라고 한다.
- 수행되면 교사가 양초 그림 위에 큰 붓으로 물감을 칠하는 시범을 보인다.
- 영아에게 교사를 모방하여 양초 그림 위에 큰 붓으로 물감을 칠해 보라고 한다.
- 수행되면 영아 스스로 양초 그림 위에 큰 붓으로 물감을 칠해 보라고 한다.
- 수행되면 영아의 특성에 맞는 적절한 강화제를 제공한다.

방법 ❷

- 교사가 팔레트에 다양한 색상의 물감을 짜서 제시한다.
- 교사가 빈 그릇에 물을 담아 제시한다.
- 교사가 양초로 스케치북에 마음대로 그리는 시범을 보인다.
- 영아에게 교사를 모방하여 양초로 스케치북에 마음대로 그려 보라고 한다.
- 그리지 못하면 교사가 영아의 손을 잡고 양초로 스케치북에 마음대로 그려 준다.
- 교사가 양초를 쥔 영아의 손을 스케치북에 대 준 후 마음대로 그려 보라고 한다.
- 그리지 못하면 교사가 영아의 손을 잡고 양초로 스케치북에 마음대로 그려 주는 동작을 반복해 준다.

3~4세

319

- 교사가 양초를 영아의 손에 쥐어 준 후 스케치북에 마음대로 그려 보라고 한다.
- 도움을 점차 줄여 간다.
- 수행되면 영아 스스로 양초를 쥐고 스케치북에 마음대로 그려 보라고 한다.
- 수행되면 교사가 양초 그림 위에 큰 붓으로 물감을 칠하는 시범을 보인다.
- 영아에게 교사를 모방하여 양초 그림 위에 큰 붓으로 물감을 칠해 보라고 한다.
- 칠하지 못하면 양초로 스케치북에 그리는 것을 지도한 것과 같은 방법으로 지도한다.
- 수행되면 영아 스스로 양초 그림 위에 큰 붓으로 물감을 마음대로 칠해 보라고 한다.
- 수행되면 영아의 특성에 맞는 적절한 강화제를 제공한다.

☞ 양초로 그림을 그려 놓고 물감을 칠할 때 너무 많은 물감이나 물이 많이 묻으면 그림이 잘 드러나지 않으니 유의하기 바란다.

☞ 사진과 같이 팔레트에 물감을 미리 짜서 굳혀 놓은 후 사용하면 너무 많은 물감을 칠해서 양초의 흔적까지 덮어 버리는 실수를 미연에 방지할 수 있다.

☞ 양초 미술 놀이를 할 때에는 되도록 그림을 작게 그려서 조금만 물감을 칠해도 바로 결과물이 나올 수 있도록 해 주는 것이 영아의 흥미를 유발할 수 있다.

☞ 영아가 몇 번만 칠해도 바로 결과물이 나올 수 있도록 반드시 큰 붓을 사용하여 성취감을 느끼도록 한다.

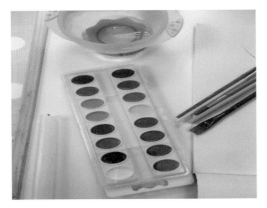

교사가 팔레트에 물감 제시

양초로 마음대로 그리기

양초로 그린 후 큰 붓으로 물감 칠하기

물감 칠하기

3~4
세

완성된 모양

완성된 모양

* 사진 출처: 렁 트리오 재구성

부록

관찰표

놀이편 (I)

관찰표

놀이편 (I)

연령	번호	목표	시행일자	습득일자
0~1세	1	발등에 아이의 발 올리고 걷기		
	2	헬리콥터 놀이		
	3	담요 그네 놀이		
	4	김밥 말이		
	5	목마 태우기		
	6	비행기 타기		
	7	지퍼 백 물감 놀이		
	8	만두 놀이		
	9	아기 의자 물놀이		
	10	이불 자동차		
	11	물감 마음대로 휘젓기		
	12	방석 보트 타기		
1~2세	13	자석 붙이기		
	14	비닐 랩에 낙서하기		
	15	물에서 피는 꽃		
	16	엄마 무릎 자전거 타기		
	17	접착테이프에 붙여진 볼풀공 떼기		
	18	신문지 찢기		
	19	박스 구멍에 병뚜껑 넣기		
	20	도리도리하기		
	21	이불 슬라이드		
	22	검은 도화지에 낙서하기		
	23	수정토 물감 놀이		
	24	잼잼 하기		

〈계속〉

연령	번호	목표	시행일자	습득일자
1~2세	25	버블 랩으로 마구 찍기		
	26	납작구슬을 담은 트레이 흔들기		
	27	잠시 혼자 놀기		
	28	다양한 촉감 탐색 놀이		
	29	지점토를 마음대로 주무르기		
2~3세	30	야광물감에 공 굴리기		
	31	풍선 뽑기		
	32	클레이에 빨대 꽂기		
	33	플레이콘 창문에 붙이기		
	34	커피 컵의 구멍에 폼폼이 넣기		
	35	핑거페인팅		
	36	이불 동굴		
	37	소금에 염색하기		
	38	모양 찍기		
	39	구슬로 그림 그리기		
	40	두부를 느껴 봐요		
	41	풍선으로 물감 찍기		
	42	다른 영아 옆에서 놀기		
	43	까꿍 놀이 하기		
	44	스탬프 찍기		
	45	끌차 끌기		
	46	납작구슬 찾기		
	47	장난감 가지고 혼자 놀기		
	48	염색 소금에 낙서하기		
	49	에어 캡으로 물감 찍기		
	50	신기한 전분 놀이		
	51	베이킹 소다 놀이 1		
	52	색 얼음으로 마음대로 낙서하기		
	53	몸에 큰 스티커 붙이기		
	54	색 쌀 속에서 자석에 붙는 물체 찾기		
	55	수정토를 다양한 용기에 붓기		
	56	접착테이프에 붙여진 페트병 뚜껑 떼기		

〈계속〉

연령	번호	목표	시행일자	습득일자
3~4세	57	색 모래 만들기		
	58	버블 랩으로 감싼 휴지 심으로 마구 찍기		
	59	색깔에 맞춰 스티커 붙이기		
	60	메추리알판에 구슬 넣기		
	61	알록달록 색 쌀 만들기		
	62	개구리알 불리기		
	63	모루로 비눗방울 불기		
	64	통과 같은 색 플레이콘 넣기		
	65	색 베이킹 소다 만들기		
	66	지점토에 손도장 찍기		
	67	다양한 모양 틀로 지점토 찍기		
	68	베이킹 소다 놀이 2		
	69	스틱에 같은 색 단추 붙이기		
	70	스포이트로 화장 솜 물들이기		
	71	자석으로 마음대로 모양 만들기		
	72	폼페인트 물감 놀이		
	73	비누 거품 그림 그리기		
	74	종이컵과 같은 색 스티커 붙이기		
	75	휴지 심으로 불꽃 모양 찍기		
	76	또래 태운 끌차 끌기		
	77	2~3명의 또래와 놀기		
	78	탁구공 물감 놀이		
	79	스티커와 폼폼이 색깔 맞추기		
	80	물에 뜨는 것과 가라앉는 것 잡기		
	81	붕붕차 타기		
	82	두부로 동그랗게 반죽 빚기		
	83	스펀지로 물 옮기기		
	84	10분 이상 다른 영아들과 놀기		
	85	계란판 화장 솜에 물감 들이기		
	86	색깔 컵에 같은 색 수정토 담기		
	87	색 모래 뿌려 풀 그림 완성하기		
	88	베이킹 소다 놀이 3		
	89	소리 나는 신발 신고 경주하기		
	90	또래와 붕붕차 타기		

〈계속〉

연령	번호	목표	시행일자	습득일자
3~4세	91	모래로 산 모양 만들기		
	92	난타 요리사가 돼 봐요		
	93	플레이콘 마음대로 붙이기		
	94	거품 물감 놀이		
	95	베이킹 소다 놀이 4		
	96	얼음과자 만들기		
	97	빨래 풍선 놀이		
	98	몸을 굴려 이동하기		
	99	공에 야광물감 칠하기		
	100	플레이콘 녹이기		
	101	욕조에서 고무줄 잡기		
	102	종이컵에 빨대 꽂기		
	103	키친타월 물들이기		
	104	코코코 놀이		
	105	포일에 물감을 칠한 후 도화지에 찍기		
	106	비닐 랩에 손 모양 그리기		
	107	테이프에 신문지 공 붙이기		
	108	스티로폼에 마음대로 압정 꽂기		
	109	우유 표면 장력 놀이		
	110	양초로 마음대로 그리기		

MEMO

MEMO

MEMO

MEMO